礼仪与形象

Etiquette and Image

白 洁 主编　　　李丽馥　副主编

U0359749

化学工业出版社

·北京·

本书内容涉及广泛，包括商务礼仪、服饰形象仪表、社交礼仪、用餐礼仪、职场礼仪公共场所礼仪等生活中可能接触到的所有礼仪规范。全书以实用而规范的解说，形象而生动的图片，向您展示了礼仪的魅力与秘密。在生活中，掌握和灵活运用这些礼仪知识，会让您的举止更加得体，充满自信。

图书在版编目（CIP）数据

礼仪与形象/白洁主编. —北京：化学工业出版社，
2018.5（2025.2重印）
ISBN 978-7-122-31781-0

Ⅰ.①礼… Ⅱ.①白… Ⅲ.①礼仪-教材②个人-
形象-设计-教材 Ⅳ.①K891.26②B834.3

中国版本图书馆CIP数据核字（2018）第053036号

责任编辑：李彦玲　　　　　　　　　文字编辑：姚　烨
责任校对：边　涛　　　　　　　　　装帧设计：王晓宇

出版发行：化学工业出版社（北京市东城区青年湖南街13号　邮政编码100011）
印　　装：涿州市般润文化传播有限公司
787mm×1092mm　1/16　印张7¼　字数176千字　2025年2月北京第1版第2次印刷

购书咨询：010-64518888　　　　　　　售后服务：010-64518899
网　　址：http://www.cip.com.cn
凡购买本书，如有缺损质量问题，本社销售中心负责调换。

定　　价：32.00元

前/言
Foreword

中华民族自古以来就是"礼仪之邦"。在各类社会关系中，重礼仪、讲道德，崇尚一种和谐的人际关系，追求人格上的美，这是我们中华民族优秀文化传统的一个重要方面。

礼仪是人们高素质的表现，是社会文明进步的象征。礼仪发挥着协调人与人之间、组织与组织之间关系的重要作用，是搭架起成功人际交往的桥梁。学习礼仪是社会需要，更是个人的需要。礼仪其实不应作为一种要求，而更应成为人们长期生活的一种习惯，"待人有礼"不仅是日常生活工作中对他人的尊重，更大程度上是对自己的尊重。特别是高等院校的学生，应在在校学习期间较为系统地学习礼仪的知识，加强训练；培养自身的良好的气质、风度和应对进退的礼仪行为。以便在人际交往中，给人留下彬彬有礼、温文尔雅的美好印象；在求职过程中最好地体现个人的形象，获得心仪的工作；毕业后在工作和生活中更好地进行人际交往，赢得优势，获得成功。

作者在内容设计上力求有较大的创新，重点突出了个人的形象与礼仪两个部分内容，以使图书具有较强的知识性、实用性、可操作性。

本书由北京市信息管理学校白洁主编，辽宁现代服务职业技术学院李丽馥任副主编，北京市信息管理学校孙淼、山东外贸职业学院李珉珉参编。本书所有彩色插图的场地、人员均由北京市信息管理学校提供，在此对他们表示感谢。

在编写过程中，我们参考了大量的有关著作和资料，故在此对原作者深表谢意。因时间紧迫和水平所限，书中难免存在疏漏之处，诚望读者予以指正。

编　者

2018 年 4 月

目/录
Contents

个人修养篇

公共礼仪篇

社交礼仪篇

个人修养篇

第一章
外貌妆容的整体把握

任何人对事物的认识过程都包括感性认识和理性认识两个阶段。我们认识一个人，先是通过眼、耳等感性器官直接感受对方是个什么样的人。这就是人们所说的"第一印象"，它属于感性认识。然后，通过对看到和听到的东西进行综合、推理、判断，上升到理性认识，才可能得出那个人具有什么样的道德品质、思想修养、文化水准等实质性的结论。"第一印象"这个感性认识，是正确认识一个人的第一阶段，正确的认识必然要依赖于"第一印象"（除了已被实践证明并得到公认的人）。

当你新到一个地方，与素不相识的人初次见面，必定会给对方留下某种印象。从这第一印象所获得的主要是关于对方的仪表、姿态、服饰、表情、语言、眼神等方面的印象。它虽然琐碎、肤浅，却非常重要。因为，在先入为主的心理影响下，"第一印象"往往能对人的认知产生关键作用。研究表明，初次见面的最初4分钟，是印象形成的关键期。

通过大量的分析，研究者们得以成功描绘出影响"第一印象"形成的因素。"第一印象"的形成有一半以上内容与外表有关，也就是说良好的"第一印象"不仅是一张漂亮的脸蛋就够了，还包括体态、气质、神情和衣着的细微差异；有大约40%的印象内容与声音有关，音调、语气、语速、节奏都将影响"第一印象"的形成；只有少于10%的印象内容与言语举止有关。

第一节　注重仪容清洁

人与人生活在社会这个大家庭里，应当注重礼节，讲究礼仪，追求文明，掌握交往原则，融洽人际关系。这是每一个向往成功的有志者必修的一门课，也是自尊与尊重他人的表现。一个人的衣着外貌对于他本身有影响，穿着得体就会给人以良好的印象，它等于告诉大家："这是一个重要人物，聪明、成功、可靠。大家可以尊敬、仰慕、信赖他。他自重，我们也尊重他。"

一个人如果远看穿得光鲜亮丽，近看却仪容不整，整日蓬头垢面，那不仅是对自己的不负责任，更是对他人的不尊重，这只会让别人敬而远之。相反，有一种人，尽管他们穿着朴素，但是非常整洁，反倒会给人一种清新飘逸的感觉，而且也会让人觉得这个人拥有良好的教养。

仪容的清洁度主要包含以下几个方面。

1. 保持身体与面部清洁

每天起床后，整理好自己的床铺，洗漱后换上干净整洁的服装，再去上课。

现代人应该适当化妆，同时注意保持面部清洁，随身携带面巾纸、湿纸巾、镜子甚至棉签等，随时清除面部或手部的污垢。

在修饰脸部的时候要有针对性，尤其青春期是痘痘高发期，注意面部清洁要彻底（图1-1）。

2. 头发梳洗与发型整理

如果顶着一头油腻腻、布满头皮屑的头发进入教室，会受到其他同学冷眼，时刻保持发丝柔顺，易出油的头发要每天清洗。尤其男生，常会出现发型睡倒，两侧不对称的情况，早起10分钟，把自己的发型整理好，一天都会精神满满。

图1-1

3. 勤换衣袜与手脚清洁

每天换一套服装过于频繁，但一个季度准备6、7套服装还是有必要的。衣服要勤清洗，整齐叠放，这样在保持衣物清洁度的同时也能够避免身体皮肤滋生细菌。对于汗脚或是体味较大的人来说，身体的气味会直接影响到周边的人与环境。保持衣物干净整洁、肢体气味清新，能够给人带来好感（图1-2）。

双手是人的第二张脸，保持双手的洁净同保持脸部的洁净一样重要。指甲应定期修剪，保持适当的长度，不要留得太长，也不要养成咬指甲的坏习惯，指甲内的污垢要每天清洗。

一般情况下，双脚与袜子要每天清洗，袜子需要每天更换，脚趾指甲应定时修剪。

4. 注意避免口腔的异味

口腔异味与肢体异味一样令人反感。为了避免出

图1-2

席社交场合时的口腔异味，最好不要食用蒜、葱、韭菜、腐乳等有强烈气味的食品。餐后应漱口或者嚼口香糖去除异味，保持口腔、牙齿的整体清洁。但在与他人交谈时最好不要咀嚼口香糖，这是不礼貌的。

若有口腔异味的问题，则尽量睡前不吃零食、饮食清淡、少吃辛辣等刺激性食物。常食用新鲜水果，蔬菜，保持正常的作息，能有效改善口腔异味（图1-3）。

牙齿问题有时也会导致口腔异味。可采用定期洗牙、使用牙线等方式保护牙齿，养成每天早晚刷牙的好习惯，美丽洁白的牙齿会让你笑容灿烂，自信满满。

图1-3

第二节　日常护肤与保养

面部是身体的全息反射区，不管皮肤出现何种问题，大多都与五脏六腑功能失调有关，一般的生活美容保养采用打圈等按摩方式，并强调使用各种高营养成份的保养品护肤，但这么做不但让问题皮肤无法获得根本的解决，还可能造成细纹、敏感，并加重皮肤的负担。皮肤作为人体主要的排泄器官并不能进行吸收，大部分的高效保养品的成分多只能到达表皮层。举一个简单的例子，当皮肤有问题时做一般的美容保养，就像屋顶漏水却只是擦地板，因为没有改善内在肌底母细胞的再生功能，及身体的代谢机制。

一、健康皮肤护肤的基本步骤

第一步是卸妆。由于现在空气质量逐日恶化，因此无论化妆与否，卸妆都是每天的必要环节，选择上有卸妆水和卸妆油两种，可依据自身情况选择适合的。卸妆水比较适合眼部和唇部较轻薄的皮肤部位使用，卸妆油卸妆更舒服润滑，也会更干净一些。

具体方法如下。

清洗双手后保持干手干脸的条件下，左手持卸妆棉，右手取卸妆产品将卸妆棉敷在眼部，两秒钟后随睫毛生长方向卸妆。而后进行唇部卸妆，可转圈卸下唇膏。最后将卸妆产品涂于面部，食指与无名指以画圈的方式反复按摩面部，尤其鼻角与嘴角位置要多揉以进行彻底清洁。

第二步是洁面。选择洁面产品需参照自身的肤质，青春期容易冒油的皮肤建议使用富含氨基酸的洁面泡沫。干性皮肤最好不使用泡沫型洗面奶。可以用一些清洁油、清洁霜或者是无泡型洗面奶。

第三步是用保湿水。皮肤保养的关键步骤在于补水，尤其在寒冷的冬季，室内供暖设备会使皮肤大量缺水，保湿水的选择要特别贴合季节需求，如果是春夏可选择较轻薄的水成分在整脸进行拍打，直到水分吸收即可，秋冬季节可使用密度大一些的营养保湿水，如果皮肤出现起皮或是干裂情况，可选择芦荟保湿水进行水疗。

第四步是眼霜。眼部周边的皮肤非常敏感且质地很薄，眼睛大且表情丰富的人要提早进行眼部周边的护理。

第五步是精华。精华的营养成分直接深入肌肤底层，有效锁住水分及胶原蛋白，使肌肤的清透度、滋润度都有所提升。

第六步是保湿乳与面霜。乳液比较轻薄，不油腻，建议春夏季使用，更加清爽滋润。涂抹的过程中注意手法是向上提升的，即由下向上推抹。面霜相对油分较多，适合干燥的秋冬季节使用，也是必要的护肤环节。

第七步是隔离防晒。不管是什么季节，空气中看不到的小灰尘都特别的多，使用带隔离效果的防晒霜，就相当于同时擦隔离霜和防晒霜了。如果觉得皮肤状态不好的话可以在清洁皮肤之后用面膜改善肤色。

以上的护肤步骤中最重要的就是清洁。

二、油性皮肤的护理方法

1. 油性皮肤特点

如何区分皮肤的属性呢？我们可以做个小实验，清洁皮肤后，静待20分钟，用吸油纸按压皮肤，如果出现油脂，则可以判定属于油性皮肤。许多青年人被油性皮肤困扰着，不知道该怎么去调整，这里简单介绍一下油性皮肤的护理方法。

首先，可以选用保湿效果明显的爽肤水，含酒精成分的收缩水无疑可以控制油脂分泌及收缩毛孔，但冬天用可能会让皮肤更为干燥。因此爽肤水是首选，水油不平衡是诱发痘痘的首要原因，如果保湿爽肤水已然不能缓解，可以尝试水疗的方法使皮肤获取养分。具体操作方法如下：取一张压缩面膜贴放入容器中，使用芦荟爽肤水将其浸湿，待液体全部被吸入面膜纸中即可取出。将其贴在洗干净的面部，大概10分钟左右取下即可。

其次，每周至少有一天，使用清洁面膜进行皮肤底层的清洁工作，由于油脂分泌过旺，大量的灰尘颗粒会被吸附在毛孔中，矿物泥面膜清洁效果极好，可尝试使用。

再次，吸油面纸随身携带。当发现自己面泛油光时，可尝试用吸油面纸将多余的油脂吸干净，再拍些保湿水或是保湿喷雾。给予皮肤充足的水分，是保证水油平衡的关键步骤。

最后，在选择防晒用品的时候，尽量选择水状或是喷雾状防晒产品，这种产品较一般的防晒霜密度小，不容易给皮肤带来负担，可使皮肤清爽不油腻，有效改善油性皮肤质感。

2. 自制控油面膜

自制面膜既环保安全，又可以洁肤保湿，这里就介绍一款自制麦片面膜。

材料：麦片1/2碗、蛋白一只、柠檬汁1汤匙、苹果1/2个（捣碎）

做法：将所有材料混合成平滑膏状，然后敷在脸上约15分钟后冲水洗净。蛋白本身有去死皮作用，柠檬可美白，而麦片则可滋润，绝对是多重功效的面膜！

3. 精油控油有奇效

薰衣草精油或佛手柑精油是精油中对抗油腻的小能手，使用熏蒸法和自制爽肤水，给肌肤充分的营养和水分，能达到事半功倍的效果。

使用熏蒸法可在洗脸前，利用热水让精油蒸发出来，促使毛孔畅通，毛孔内的油脂较容易排出；精油经由呼吸进入人体，对感冒或呼吸器官方面的疾病，具有很好的疗效。

具体步骤如下。

第一步，将热水放入脸盆中，再滴入3～5滴精油。第二步，将脸靠近脸盆上方约30公分处，以大毛巾覆盖在头上，将水蒸气包在毛巾内，此时可做深呼吸，并闭上眼睛，避免精油香味及水蒸气刺激眼睛。第三步，以冷水洗脸，有收敛毛孔的效用。

制作油性肌肤使用的爽肤水。

薰衣草可以平衡油脂，消炎杀菌，尤加利能改善阻塞皮肤，还有集中注意力、增加活力、冷静头脑的作用。

材料有海洋深层矿泉水100ml，薰衣草精油6滴（或橙花精油7滴），尤加利精油4滴（或薄荷精油3滴）。

做法：将矿泉水倒入干净的玻璃瓶内，加入以上两种精油，盖上瓶盖，上下摇匀即可。

使用方法：清洁肌肤（或敷面膜）后，将脸上水分擦干，再将化妆水摇匀，均匀倒在化妆棉上，再轻拍脸部肌肤，让肌肤完全吸收爽肤水即可。

如果所使用的洗面乳没有抑制油脂分泌的成分，可以在洗面乳里加入薰衣草精油或1滴尤加利精油，以打圈的方式做面部的深层清洁，也能起到平衡油脂分泌的效果。

三、痘痘肌的护理

痘痘肌是指长过痘痘的肌肤，包括容易出油的肌肤、有痘坑痘印的肌肤以及时不时冒出痘痘的肌肤，这是一类比较敏感的肌肤，所以在护理上是很讲究的，尤其要注意面部清洁工作的方法。很多人因为工作繁忙或是应酬很晚休息，经常忽视面部清洁，或是草草了之。记得上学的时候，宿舍里的公用水房总是满满的人，为了节省时间，同学们有的只是用清水清洗两下就结束了，甚至有的男同学根本不洗脸。这些做法久而久之会影响皮肤代谢，要拥有健康的皮肤从正确洗脸开始。

1.正确的洗脸方法

关于洗脸有多种说法，什么时间洗，一天洗几次，这与皮肤状态有直接关系。有的人固定在早上起床或是晚上休息之前，其实不然，对于面部油脂分泌过旺的人，只要是面部出了油就可进行清洗，皮肤干燥的人就不要频繁清洗了。面部清洁不能忽视，有多么认真的态度就会有多么健康的皮肤。清洗时将清水与洗面奶紧密配合，揉出泡沫再进行清洗，用画圈的方法反复清洁，直至每一个角落，而后用清水洗净。若使用毛巾则一定要在太阳底下晒干，以达到消毒杀菌的效果。

2.处理痘痘的方法

现在美容院里有一种快速治愈痘痘的方法，也叫清痘，即用美容针将痘挑破，挤出脓液和颗粒，待几天后伤口愈合。这种方法只适用于医院或是美容院等专业清理痘痘的机构，如果自己强行清痘，有可能留下疤痕和痘坑。工具的消毒、美容针入针的角度和深度有严格的操作技术，因此不要尝试自己清理痘痘，有可能造成大面积创伤。

3.选择适合的保养品及化妆品

痘痘肌肤处可用含有茶树精油成分的化妆品。

4.睡眠充足减少油腻

睡眠质量与皮肤质量有着紧密的联系，睡得不好油脂会分泌得更多，因而痘痘也长得更多，脸色也会灰沉沉的。所以不要熬夜，保证睡眠时间，提高睡眠质量。

5. 放松心情

学习压力过大，容易紧张、烦躁不安，同样会使油脂分泌增加，所以心情不愉快犹如落井下石，痘痘会长得更多。因此，学着放慢节奏、让心情保持舒畅，能使气血调和并有益于皮肤。

6. 饮食均衡

吃辛辣食物容易引起胃火旺盛，导致毛孔变粗或滋生细菌，痘痘、粉刺等问题也会加剧。多吃瓜果蔬菜，辛辣油腻食物可与清淡食物同食，不要过量。要皮肤光亮、洁净、健康，就需要各种不同的营养素来帮忙，缺一不可，也不需特意偏重某样。但是，吃了会让脸发热、发红的食物，如辣椒、热汤等仍需避免。

7. 注意防晒

痘痘长得太严重时，就是好了也会留下色素斑。晒到太阳后，紫外线会加深色素斑的痕迹，使整张脸看起来不是红的就是黑的，到处色泽不一致。随着年龄增加，黑斑的概率也大大提高，更是不能不防晒，防晒的方法仍以伞、帽子及各种遮掩物为主。

第三节　基础化妆与发型

莱布尼茨说："世界上找不到两片完全相同的树叶。"人的相貌也是如此，即便是双胞胎也有不同之处。虽然人的头部构造相同，但相貌却千差万别，这是因为头骨是由许多块不规则形状的骨骼构成的，每个人骨骼的大小形状不一，每块骨骼上又附着着不同厚度的肌肉、脂肪和皮肤，从而形成了不同的转折、凹凸和弧面，所以有了不同的脸型和相貌。一般可归纳总结为六种脸型：蛋形脸、圆形脸、方形脸、长形脸、三角形脸（正三角形、倒三角形）、菱形脸（图1-4）。化妆的功能是修饰面部，使之协调美观。修饰脸形要从整体出发，修饰五官是局部刻画。化一个完美的妆面就像是完成一幅绘画作品，是一个从整体到局部，再从局部到整体的过程，了解了骨骼和肌肉的构造后，再在面部轮廓和五官上进行修饰，会收到事半功倍的良好效果。

一、标准脸型

1. 蛋形脸

世界各国均认为"瓜子脸""鹅蛋脸"是最美的脸形，从标准脸形的美学标准来看，这种脸型的面部长度与宽度的比例为1.618∶1，这也符合黄金分割比例。

标准脸形给人以视觉美感，我国用"三庭"、"五眼"作为五官与脸形相搭配的美学标准："三庭"是把人的面部长度分为三等分，外鼻长度正好是其中三分之一；"五眼"是把人的面部宽度分为五等分，眼睛的宽度正好是其中五分之一。现实中完全符合美学标准的脸形比较少见，大多数人的脸形都有这样或者那样的缺陷，在以下其他脸形的修饰中，均以蛋形脸为标准，在保留自身个性美的基础上向其靠拢，起到修饰矫正作用。

2. 圆形脸

面颊圆润，面部骨骼转折平缓无棱角，脸的长度与宽度的比例小于4∶3，给人珠圆玉润、亲切可爱的视觉感受，同时，也会给人肥胖或缺少威严的感觉。

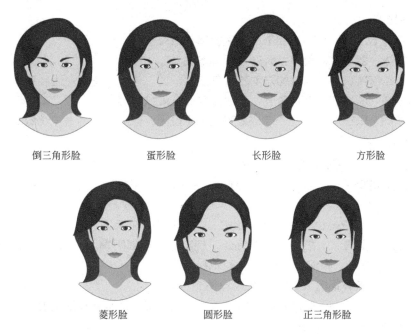

倒三角形脸　　　　蛋形脸　　　　长形脸　　　　方形脸

菱形脸　　　　圆形脸　　　　正三角形脸

图1-4

修饰方法如下。

① 脸形修饰：用暗影色在两颊及下颌角等部位晕染，削弱脸的宽度，用高光色在额骨、眉骨、鼻骨、颧骨上缘和下颌等部位提亮，加长脸的长度和增强脸部立体感。

② 眉的修饰：眉头压低，眉尾略扬，画出眉峰，使眉毛挑起上扬而有棱角，破掉脸的圆润感。

③ 眼部修饰：在外眼角处加宽加长眼线，使眼形拉长。

④ 鼻部修饰：拉长鼻形，高光色从额骨延长至鼻尖，必要时可加鼻影，由眉头延长至鼻尖两侧，增强鼻部立体感。

⑤ 腮红：由颧骨向内斜下方晕染，强调颧弓下陷，增强面部立体感。

⑥ 唇部修饰：强调唇峰，画出棱角，下唇底部平直，削弱面部圆润感。

3. 菱形脸

额头较窄，颧骨突出，下颌窄而尖，这种脸形比较难选发型，易给人以缺乏亲和力、尖锐、敏感的印象。

修饰方法如下。

① 脸形修饰：用阴影色修饰高颧骨和尖下巴，削弱颧骨的高度和下巴的凌厉感，在两额角和下颌两侧提亮，可以使脸型显得圆润一些。

② 眉的修饰：适合圆润的拱形眉，破掉脸上的多处棱角。

③ 眼部修饰：眼影应向外晕染，拓宽颞窝处宽度，眼线也要适当拉长上挑。

④ 鼻部修饰：加宽鼻梁处高光色，使鼻梁挺阔。

⑤ 腮红：腮红应自然清淡，不宜突出，可以省略。

4. 方形脸

额角与下颌角较方，转折明显，使人看起来正直刚毅坚强，柔美不足。

修饰方法如下。

① 脸型修饰：上额、下额，四个角以深色修容饼修饰。

② 唇部修饰：唇不可带角度，唇形宜圆润饱满。

③ 腮红：略带狭长型，以修饰方型脸带角度之缺憾，修饰其角度，达到狭长之效果。

④ 眉型修饰：眉峰不可带有角度，要月弧度，发鬓拉长。

⑤ 眼部修饰：眼线可加粗一点点，上眼线平平拉出，以咖啡色系之深浅做渐层。

5. 三角形脸

三角形脸分为正三角形脸和倒三角形脸。

正三角形脸额部窄，下颌较宽大，也称梨型脸，给人感觉富态，柔和平缓。

修饰方法如下。

① 脸形修饰：可于化妆前开发际，除去一些发际边缘的毛发，使额头变宽，用高光色提亮额头眉骨、颧骨上方、太阳穴、鼻梁等处，使脸的上半部明亮、突出、有立体感。用暗影色修饰两腮和下颌骨处，收缩脸下半部的体积感。

② 眉的修饰：使眉距稍宽，眉不宜挑，眉形平缓拉长。

③ 眼部修饰：眼影向外眼角晕染，眼线拉长，略上挑，使眼部妆面突出。

④ 鼻部修饰：鼻根不宜过窄。

⑤ 腮红：由鬓角向鼻翼方向斜扫。

⑥ 唇部修饰：口红颜色宜淡雅自然，让视觉忽略脸的下半部。

倒三角形脸额头较宽，下颌较窄，下颏尖，是一种比较好看的脸形，缺点是会给人以病态的美感。

修饰方法如下。

① 脸形修饰：用高光色提亮脸颊两侧，使两颊看起来丰满一些，用暗影色晕染额角及颧骨两侧，使脸的上半部收缩一些，注意粉底自然过渡。

② 眉的修饰：眉形应圆润微挑，不宜有棱角，眉峰在眉毛三分之二向外一点处。

③ 眼部修饰：眼影晕染重点在内眼角上，眼线不宜拉长。

④ 腮红：宜用淡色腮红横向晕染，增强脸部丰润感。

⑤ 唇部修饰：唇圆润饱满。

6. 长形脸

这种脸型，在化妆时力求达到的效果应该是增加面部的宽度，且看上去丰满、匀称协调。

修饰方法如下。

① 脸型的修饰：横向扫暖色腮红，使脸颊看起来丰盈起来，用双休粉饼的深色扫刷上额头与下巴，使脸部缩短。

② 眉的修饰：尽量化成有弧度的造型，避免过多棱角，位置不宜过高，眉尾不要高翘。

③ 眼部的修饰：眼部形态以弧形修饰，不要拉长眼尾。

④ 唇部的修饰：饱满立体的唇部使整个人看起来更具魅力。

二、化妆基本步骤

1. 粉底液怎么用

① 洁面后，将乳液和爽肤水从下往上轻轻拍至皮肤完全吸收，擦上润色底乳或隔离霜，

来调整皮肤色差和增加明亮度。

　　② 粉底液从上往下推开，这样才能使粉底液更好地跟皮肤融合。取适量粉底，每点约米粒大小，点于双颊、额头、鼻子和下巴。

　　③ 用指腹推开，用量不足可再加。接着再用遮瑕膏来盖住粉底遮不了的黑眼圈和痘痘。

　　④ 完成后，用海绵约一半的面积沾上粉饼，由脸颊开始由内往外、由上往下的轻轻按压，加强底妆的完美度，并且定妆。

　　⑤ 接着在眼周、下巴、T字部、鼻翼两侧，用剩下的粉底来按压，才能最轻薄、最不易产生细纹。

　　⑥ 最后在眼周C字位及T字部打上亮粉，可使五官立体，肤色明亮。

2.眼影的画法

　　① 取膏状淡色眼影涂满眼窝（范围可大一点），可使接下来涂的眼影比较显色，比较饱和。

　　② 再以同一色系比较深一些的眼影粉涂在眼折（稍稍的匀开）。

　　③ 若用液态眼线笔，可用眼影粉将空洞补满，或是柔化线条。

　　④ 再补上一层眼影粉，使眼影的颜色更加漂亮。

三、眼形与眼妆

　　眼睛是人面部最提神的五官，如何展现眼睛的魅力？眼妆是必不可少的，尤其是在眼线方面，轻轻地一笔勾勒就能起到画龙点睛般的作用。对自己眼型不满意的人，更加可以通过画眼线来改变眼型，赋予自己不一样的气质。同时也能尝试到多种多样的眼妆风格，让自己秒变眼妆达人。那么，如何选择一款适合自己的眼线，轻松画出完美立体眼妆呢？我们从常见的5类眼型入手，为你的美丽出谋划策（图1-5）。

使用方法
适合各种眼睛的画法

单眼皮眼线画法

打横刷头，从眼角沿睫毛根部向眼尾勾勒。（ps：横刷画法便于打造浓郁粗犷的线条，让双眼更有神。）

双眼皮眼线画法

竖起刷头，从眼角往眼尾方向画，填满睫毛根部空隙，再从眼尾往下眼睑方向画，下眼线只画到眼中位置。

内双眼线画法

竖起刷头，从眼角睫毛根部细细勾画，同时将睫毛根部空隙填满，使眼睛看起来更自然。

图1-5

1.小眼睛变大电眸

打造重点：粗眼线营造大眼妆效。

小眼睛想变大眼睛，在眼线上要做的重点就是加宽眼球上方的那一笔线条。这样可以从视觉上增大眼珠的范围，让眼睛看上去黑而亮。所以，眼线产品一定要选择色泽饱满浓郁的，能描绘出如墨韵般效果的当然是最好。

① 首先用眼线液填满睫毛根部的缝隙，让睫毛根部与眼线很自然地融合，露白只会让你的眼妆假得不自然；

② 在眼睛的正中央上方的眼睑上，沿着睫毛根补一条与眼珠直径一样长，但是略粗的眼线，这条线的两端要自然斜着向两边眼角作梯形；

③ 下眼线则要紧贴睫毛根部细细地画，然后眼尾处要与上眼线无缝衔接，且眼角的空白处一定要填满；

④ 用眼影棒晕染眼线，使眼线的衔接更加自然，晕染后的眼妆就成了一个很自然的小烟熏，这样才能加强眼神的深邃度，使双眼更加立体迷人。

2.温柔杏眼变性感媚眼

打造重点：眼尾上扬变性感。

天生丽质的杏眼本就好看，但是中规中矩有时会觉得缺乏时髦度。要想让杏眼变得自然时尚起来，最好的做法就是将眼尾上扬，打造出性感猫眼的妆效。

① 首先贴着睫毛根部用眼线液描绘上眼线，描绘到距眼尾四分之一处停止，要确保睫毛根之间的缝隙都被填满；

② 直视镜子，从眼尾向上、向外（约45℃）画上大约2毫米的短线，其停顿的位置就是猫眼眼线上扬的尾端。如果你想加强猫眼妆效果，可以拉长这一线条，但最好不要超过眉毛长度。

③ 从上眼线停顿的地方与上一步骤画好的猫眼短线相连接，画的时候最好用手将眼皮向眼角方向撑开，而上扬处的线条也要加粗、加重；下眼线可以根据需要画或者不画。为了加强性感效果，可以从下眼线离眼头五分之一处开始描绘，最好露出眼头和眼尾。

④ 用眼影笔进行晕染，让眼线线条更加自然。

3.丹凤眼变神采双眸

打造重点：强调下眼线改变眼尾上翘弧度。

丹凤眼让人看起来强势而又妩媚，但是缺乏应有的亲和力，魅惑有余，神采不足。所以，要柔和丹凤眼的凌厉眼神，就要通过画下眼线让整个眼型从视觉上下垂，变得柔情似水起来。

① 上眼线同通常的眼线画法没有区别，填充睫毛根部，自然收尾即可，不用特别拉长或者上扬；

② 下眼线从下眼睑二分之一处开始描画，并且呈现逐渐加粗的走势，眼尾与上眼线以圆润的线条过渡融合；

③ 眼影的晕染同下眼线的画法相似，越往眼尾晕染要越重，可以采用从眼尾向眼头晕染的方式。

4.眼距过宽过窄看这里

打造重点：眼头加粗拉近眼距，着重眼尾拉开眼距。

就我们的普遍审美而言，眼距过宽过窄都是不美丽的标志。眼距过宽可以通过眼线来强调眼头位置，从视觉上缩短眼距；而眼距过窄想从化妆上来修饰就没有那么简单，不仅在眼线上要强调眼尾，眼头上也要做弱化处理。

　　眼距过宽：在画好基础的上眼线之后，从眼头的位置适当地向眼角外延伸，并且从这个位置开始自然过渡连接到下眼睑的三分之一处，之后填补内眼角的空隙，并且适当在上下眼线的三分之一处进行加粗。眼影的晕染重点要放在眼头处，逐渐向外晕染。为了不让眼妆过于浓重，可以在眼角处加一点高光，以提亮眼睛的光彩。

　　眼距过窄：眼距过窄，则内眼角处的眼线要么不画，要么画得细而浅，并且眼尾处要适当向外拉长延伸，下眼线则从外眼角向内描画到三分之二或二分之一处，内眼角不用描画，眼尾处延伸拉长并与上眼线自然衔接过渡。之后用浅色的眼影晕染眼头位置，并向鼻梁处延伸；眼尾则用深色进行强调，并且延伸拉长，中间部分自然过渡。

5. 内双眼如何画眼线

　　打造重点：强调内眼线。

　　时而双眼皮、时而单眼皮的内双姑娘眼周很容易出现臃肿的状况，使得眼睛看上去小而无神。通过强调内眼线就能很好地改变这一状况。

　　① 首先按照通常的眼线画法，用眼线液填满睫毛根部的空隙，让眼线更加自然；然后用手将眼皮往上拉，画出内眼线，并且将其加重；然后再在上方完整地画一条较粗的眼线，宽度大概刚好与眼睑褶皱重合；

　　② 眼角处的眼线要格外加重，防止被内双的褶皱遮盖住此处的妆效；

　　③ 平行延伸眼尾处的眼线，拉长外眼角，可以加强眼睛的轮廓感；

　　④ 用眼影晕染眼尾的弧线，并且过渡晕染至眼皮中间与眼线衔接，提拉眼尾，放大眼睛。

四、唇形与唇妆

　　嘴唇过大，会让人产生笨拙的感觉，会让五官显得不协调。对于这类唇形，唇妆技巧是先使用遮瑕霜把嘴唇的边缘和唇表面遮盖，并且用蜜粉固定。在对唇线进行描画的时候，要把它的整体轮廓向内收缩，让双唇变薄变窄（图1-6）。

　　跟大嘴唇形相反，小嘴唇形需要把双唇的轮廓线做向外的延伸，增大唇形。在唇膏颜色方面，选浅色系或者是亮光的唇膏，增加唇部的立体感。

图1-6

薄唇唇形总是给人刻薄的感觉。对于这类唇形，唇妆技巧是先用唇线笔对嘴唇的轮廓进行扩展，让上唇的唇峰更加的圆润，把下唇增厚。接着涂上偏暖色系的唇膏，还有唇彩，让唇彩丰盈双唇。

嘴唇过厚，很容易被误认是香肠嘴，可以先用遮瑕产品遮住唇色，然后选择最接近唇色的唇线笔画唇线，唇线要画在原有的嘴唇轮廓以内，然后涂抹口红，涂抹时使用唇刷从嘴角往中间涂，嘴角两边要加深颜色，这样在视觉上会缩小唇部。

嘴唇突出的唇形，会让唇部跟脸部五官感觉不和谐。对于这类唇形，唇妆技巧是先借助唇线笔，画出让嘴角向外延伸的唇线，嘴唇中间部分的上下轮廓线要尽量画直一点。通过这样子对过于突出的唇形进行修饰，唇膏的颜色方面，最好是选择使用冷色系的唇膏，能够在视觉上起到一定的收敛唇形的作用。

五、发型定制

脸型是决定发型的重要因素之一，适合自己脸型的发型才是最重要的，不是任何流行发型都适合。不管是圆脸、方脸、瓜子脸还是长形脸，都要掌握各种脸型需要修饰的重点，巧妙地运用发型线条来修饰脸型，从而使脸型与发型完美搭配。下面给大家介绍几种脸型的发型如何搭配，让你轻轻松松做个人人羡慕的时尚达人（图1-7）。

图1-7

1. 圆脸型

圆脸型比较容易显胖，额头和脸型都成圆形，所以在发型设计方面可以利用两侧鬓发和齐刘海来改变脸型的轮廓，分散原来圆润脸型的视感。

2. 方脸型、国字脸型

方脸型又称国字脸型，整个脸型成四方形，额头和两腮较大，所以在设计发型时应该采用头顶部分蓬松微卷短发和侧分的斜刘海，从而修饰脸型的棱角感。

3. 三角形脸型

三角形脸型分为正三角形和倒三角形两种。

正三角形脸是额头较窄，下巴宽大，刘海可以考虑斜向下造型，两侧区要做成膨胀，头部造型要增加两边的宽度。刘海区或两边前侧区留些发丝遮盖下颚宽阔的地方，下颚宽给人刚硬的感觉，宜用柔和手法造型。

倒三角形是指下颚线条细长，看起来比较老实的脸型以及面部线条长而细的脸型。在发型设计方面可以通过使下颚的突出或收缩的方法来改变形象，把所有的头发都整出发卷，增加头发的柔和与华丽感。肩膀周围动态的发卷，使下颚看起来比较敏锐。斜分的长刘海，把侧面整出量感。头发比较多时，可以剪出层次感使其显得比较轻快。

4. 长脸型

长脸型有很显脸的棱角，可以选用稍长的顶部与中间收缩的X线型轮廓，有小脸功效，同时又使面部轮廓变得更清晰。沿面部轮廓内卷的发型突出美丽的下颚，更能很好地修饰脸型的棱角感。

5. 瓜子脸型

瓜子脸型是所有脸型中最漂亮的一种，也是最好配发型的脸型，可以选用多款发型。自然的长发，发尾带着随意小翻卷，轻快地环绕在面部周围，营造出动态感。发梢不要削得过薄，稍微留下一点厚重感就更好了。

第二章
优雅仪态的无声语言

仪态，又称"体态"，是指身体在站、坐、行、蹲时所呈现出的姿态。仪态无时无刻不存在于你的举手投足之间，优雅的体态是人有教养、充满自信的表现。举止落落大方，动作合乎规范，是个人礼仪方面最基本的要求。

第一节 优雅的站姿

站姿是一种静态的美，同时又是其他动态身体造型的基础和起点。站姿是衡量一个人外表乃至精神的重要标准。优美的站姿是保持良好体型的秘诀，良好的站姿可以体现出一个人的气质与修养。

一、正确的站姿

两脚跟相靠，脚尖分开45°～60°，身体重心放在两脚上；或两脚并拢立直，两肩平整，腰背挺直，挺胸收腹。两眼平视前方，嘴微闭，微收下颌，稍带微笑。好的站姿，不只是为了美观，对于健康也是很重要的。

二、站姿的要领

站姿分为男士标准站姿、女士标准站姿、男士前腹式站姿、女式前腹式站姿、男士手后背式站姿（表2-1、图2-1）。

表2-1

类　别		要　领
男士站姿	标准站姿	身体立直，抬头挺胸，下颌微收，双目平视，嘴角微闭，双手自然垂放于身体两侧，双膝并拢，两腿绷直，脚跟靠紧，脚尖分开呈"V"字型或双脚并拢。
	前腹式站姿	身体立直，抬头挺胸，下颌微收，双目平视，嘴角微闭，双脚平行分开，两脚间距离不超过肩宽，一般以20厘米为宜，双手手指自然并拢，右手搭在左手上虎口相对，轻贴于腹部，不要挺腹或后仰。
	手后背式站姿	身体立直，抬头挺胸，下颌微收，双目平视，嘴角微闭，双脚平行分开，两脚之间距离不超过肩宽，一般以20厘米为宜，双手在身后交叉，右手搭在左手上，贴于臀部。

续表

类 别		要 领
女士站姿	标准站姿	身体立直，抬头挺胸，下颌微收，双目平视，嘴角微闭，面带微笑，双手自然垂放于身体两侧，双膝并拢，两腿绷直，脚跟靠紧，脚尖分开呈"V"字型。
	前腹式站姿	身体立直，抬头挺胸，下颌微收，双目平视，嘴角微闭，面带微笑，两脚尖略分开，右脚在前，将右脚跟靠在左脚脚弓处，两脚呈丁字步，双手自然并拢，右手搭在左手上，虎口相对以不透光为主，轻贴于腹前（肚脐处），身体重心放在两脚间。

图2-1

三、站姿的训练

步骤一：在形体训练房或家中，选择一面洁净的墙壁；准备好书、白纸，穿着职业装。

步骤二：将脚后跟、小腿肚、臀部、两肩和后脑勺紧靠墙壁进行"五点靠墙法"训练。

步骤三：可一对一练习站姿，两个人一组，背对背进行站立训练。

步骤四：头顶书，腿夹纸，后脑勺、双肩、臀部、小腿及脚后跟紧贴墙壁。

四、站姿的注意事项

① 站立时，切忌东倒西歪、无精打采、懒散地倚靠在墙上、桌子上；

② 不要低着头、歪着脖子、含胸、端肩、驼背；

③ 不要将身体的重心明显地移到一侧，只用一条腿支撑着身体；

④ 身体不要下意识地做小动作，如抠鼻子、挠头等；

⑤ 在正式场合，不要将手叉在裤袋里面，切忌双手交叉抱在胸前，或是双手叉腰；

⑥ 男子双脚左右开立时，注意两脚之间的距离不可过大，不要挺腹翘臀；

⑦ 女子更是要注意双脚双腿之间的幅度，且分开的越小越好，并拢最得体；

⑧ 不要两腿交叉站立。

第二节　优雅的坐姿

　　坐，是一种静态造型。在职场中，优雅的坐姿传递着自信、友好、热情的信息，同时也显示出高雅庄重的良好风范。良好的坐姿可以预防近视，增强自信心。坐姿是人体美态的外在表现，传达着丰富的信息，也可以显现庄重儒雅的魅力。

一、正确的坐姿

　　入座后，上体自然挺直，挺胸，双膝自然并拢，双腿自然弯曲，双肩平整放松，双臂自然弯曲，双手自然放在双腿上或椅子、沙发扶手上，掌心向下。不论何种坐姿，上身都要保持端正，如古人所言的"坐如钟"。若坚持这一点，那么不管怎样变换身体的姿态，都会优美、自然。

二、坐姿的要领

　　坐姿分为以下几种（图2-2、图2-3、表2-2）。

表2-2

类　别		要　领
男士坐姿	标准式	上身挺直，头正肩平，两手自然放在两腿或扶手上，双膝自然分开，分开距离小于肩宽，小腿90°垂直落于地面。
	前伸式	标准式坐姿基础上，两腿前伸，两膝关节略微分开；双脚在踝关节处也可交叉。
	后点式	标准坐姿基础上，上体微向前倾，两小腿向后屈回，用前脚脚掌着地，膝盖略开，也可交叉。
	开关式	标准坐姿基础上，双膝略开，两小腿前后分开，两脚一前一后，两手分别搭在两腿上，自然弯曲。
	正身叠式	两腿重叠垂直于地面，上方腿小腿内收，脚尖下点，双手扶于扶手上或轻搭腿上。
女士坐姿	标准式	上身挺直，头正肩平，两臂自然弯曲，两手交叉叠放在两腿中部，两膝并拢，小腿垂直于地面，两脚尖朝正前方。着裙装的女士在入座时要用双手将裙摆内拢，以防坐出褶皱或因裙子被打折而使腿部裸露过多。
	左（右）侧点式	标准坐姿基础上，双膝并紧，上身挺直，两小腿向左前斜伸出，左脚脚跟靠近右脚内侧，左脚脚掌内侧着地，右脚脚跟提起，双手叠放置于右腿上，头可稍转向左侧。
	左（右）侧挂式	在侧点式坐姿的基础上，将右脚提起挂在左脚踝关节处，两膝并拢，上身左转45°，立腰挺胸。
	侧身重叠式	髋部左转45°，头胸向右转，右小腿垂直于地面，左腿重叠于右腿上，左腿向里收，左脚尖向下。
	屈直式	膝盖并拢，大腿靠紧，两小腿一腿前伸，另一小腿屈回，两脚内侧在一条直线上。

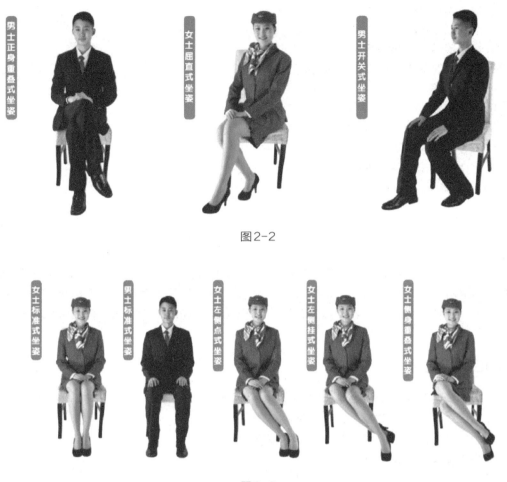

图2-2

图2-3

三、坐姿的训练

　　步骤一：形体训练房或教室，高矮适中的椅子，准备一本书，穿着职业装，最好有镜子。

　　步骤二：可以坐在镜子面前，按照坐姿的要领进行自我训练。同时可播放音乐以减轻疲劳。

　　步骤三：两人一组，面对面练习，指出对方的不足。重点检查手位、腿位、脚位。

　　步骤四：也可将书本放在头顶上，强化自身的坐姿要领，做到上身挺拔。

四、坐姿的注意事项

　　① 坐时不可前倾后仰，或歪歪扭扭；

　　② 双腿不可过于叉开，或长长地伸出；

　　③ 坐下后不可随意挪动椅子；

　　④ 不可将大腿并拢小腿分开，或双手放于臀部下面；

　　⑤ 高架"二郎腿"或"4字型腿"；

⑥ 腿、脚不可不停抖动；

⑦ 不要猛坐猛起；

⑧ 与人谈话时不要用手支着下巴；

⑨ 坐沙发时不应太靠里面，不能呈后仰状态；

⑩ 双手不要放在两腿中间；

⑪ 脚尖不要指向他人；

⑫ 不要脚跟落地、脚尖离地；

⑬ 不要双手撑椅；

⑭ 不要把脚架在椅子或沙发扶手上，或架在茶几上。

第三节　优雅的走姿

行走中的步态称为走姿，走姿是人体所呈现出的一种动态，是站姿的延续。走姿是展现人的动态美的重要形式，行走时的节奏可以展现一个人的行事风格，也可以体现一个人的职业状态。一种协调稳健、轻松敏捷的走姿可以给人以美感。走路是"有目共睹"的肢体语言。

一、正确的走姿

① 以站姿为基础，面带微笑，下颌微收，目光平视。

② 头正肩平，挺胸收腹，重心稍前倾。

③ 双臂自然摆动，摆幅在30°～35°为宜。

④ 步幅适度，步速平稳。

二、走姿的要领

理想的行走线迹是两脚内侧落地时在一条直线上。走姿分为以下几种（图2-4、表2-3）。

表2-3

类　别	要　领
一般走姿	1.方向明确，行走时必须保持明确的方向，不可突然转弯，更忌突然大转身。 2.步幅适中，一般男子每步在40～60cm之间，女士略小。 3.步速均匀，行进中不要突然加速或减速。 4.重心放准，行进时身体向前微倾，重心落在前脚掌上。 5.身体协调，行进时脚跟先着地，膝盖在脚跟落地时应当伸直，腰部要成为重心移动的轴线，双臂前后自然摆动。 6.体态优美，行走时双眼平视前方，挺胸收腹，直起腰背，伸直腿部，步伐轻捷而稳健。
后退步	向他人告辞时，应先向后退两三步，再转身离去。退步时，脚要轻擦地面，不可高抬小腿，后退的步幅要小。转体时要先转身体，后转头。

续表

类　别	要　领
侧身步	当引导来宾时，应尽量走在宾客的左前方。髋部朝向前行的方向，上身稍向右转体，左肩稍前，右肩稍后，侧身向着来宾，与来宾保持两三步的距离。当走在较窄的路面或楼道中与人相遇时，也要采用侧身步，两肩一前一后，并将胸部转向他人，不可将后背转向他人。
引导步	走在前边给宾客带路，尽量在宾客的左前方，身体半转向宾客方向，左肩稍前，右肩稍后，保持两三步的距离，必要时加以手势引导。

图2-4

三、走姿的训练

步骤一：形体训练房或空旷的场地，准备一本书，穿着职业装，最好有镜子。

步骤二：沿着一条直线或在地上画一条直线，头顶书本，按照动作要领进行行走训练。

步骤三：行走时头正肩平、目视前方、呼吸均匀，争取做到书本不掉落。

四、走姿的注意事项

① 行走忌内八字、外八字；不可弯腰驼背、摇头晃肩、扭腰摆臀；

② 不可走路时吸烟、进食、双手插在裤兜；

③ 不可左顾右盼；不可无精打采、身体松垮；

④ 不可摆手过快，幅度过大或过小；

⑤ 行走时尽量避免在人群中穿行，这样做很不礼貌；

⑥ 注意行走时的先后顺序，不要争先恐后。养成主动让路的好习惯，遵守秩序，尽量不要超越前面的人，如果遇特殊情况需要超越时，要说"借过"、"对不起"等；

⑦ 不要连蹦带跳，跑来跑去，即使遇到急事，也不要奔跑，可以选择加快脚步或加大步幅的方式；

⑧ 走路要轻，不要制造噪音，做到轻声慢步。

第四节　优雅的蹲姿

蹲姿只是人们在比较特殊的情况下采取的一种暂时性体位。蹲姿适用的情况主要有：给予客人帮助时、与小朋友交流时、捡拾地面物品时、整理自身鞋袜等几种情形。在日常生活中，人们对掉在地上的东西，一般是习惯弯腰或蹲下将其捡起，而职业人士在使用蹲姿时，是有礼仪标准的（图2-5）。

图2-5

一、正确的蹲姿

① 当弯腰超过45°时，要做下蹲的动作；

② 两脚前后分开，小腿前直后平；

③ 上身挺直，动作轻缓；

④ 下蹲时，臀部向下，同时应使头、胸、膝关节保持在同一个角度上；

⑤ 男士下蹲时两腿之间可有适当距离，女士下蹲时要将膝盖并拢。

二、蹲姿的要领

蹲姿类型分为以下几种（表2-4）。

表 2-4

类　　别	要　　领
高低式蹲姿	下蹲时右脚在前，左脚稍后，女士双膝并拢，大腿内侧靠紧下蹲，男士两腿可略微分开。右脚全脚着地，小腿垂直于地面，左脚脚跟提起，脚掌着地。左膝低于右膝，左膝内侧靠于右小腿内侧，形成右膝高左膝低的姿态，臀部向下，重心在两腿间。（可换腿做相反方向）
交叉式蹲姿（适用于女士）	下蹲时右脚在前，左脚在后，右小腿垂直于地面，全脚着地。左膝由后面伸向右侧形成交叉，左脚跟抬起，脚掌着地。两腿靠紧，合力支撑身体。臀部向下，上身稍前倾。
单跪式蹲姿（常用于男性）	是一种非正式蹲姿，多用在下蹲时间较长，或为了用力方便时。双腿一蹲一跪。主要要求在下蹲后改为一腿单膝点地，臀部坐在脚跟上，以脚尖着地。另一条腿，应当全脚着地，小腿垂直于地面。

三、蹲姿的训练

步骤一：形体训练房或教室，穿着职业装，最好有镜子。
步骤二：可以在镜子前，按照蹲姿的要领进行自我训练。
步骤三：也可以两人一组，面对面练习，指出对方的不足。

四、蹲姿的注意事项

① 不要突然下蹲。蹲下来时切勿过快。
② 不要距人过近。应与身边之人保持一定的距离，以防迎头相撞。
③ 不要正对着人下蹲。
④ 避免弯腰撅臀。
⑤ 避免上体过于前倾。若女士着领口较大的服装时，应护住胸口，避免走光。

第五节　优雅的手势

　　手势是人们交往时不可缺少的动作，是最有表现力的一种"体态语言"。俗话说："心有所思，手有所指"，手的魅力并不亚于眼睛，甚至可以说手就是人的第二双眼睛。手势表现的含义非常丰富，表达的感情也非常微妙复杂，如招手致意、挥手告别、拍手称赞、拱手致谢、举手赞同、摆手拒绝。手势的含义，或是发出信息，或是表达感情，能够恰当地运用手势表情达意，会为交际形象增辉。

一、常用的手势

1.请

　　请：请这个动作是引导礼仪中的一种。在接待宾客时，它往往是迎宾环节中最重要的一环，能够树立公司良好的社会形象，会给各界人士留下热情的服务形象。

"请"这个动作的要领是：指人、指物、指方向时，应当是手掌自然伸直，掌心向上，手指并拢，拇指自然稍稍分开，手腕伸直，使手与小臂成一直线，肘关节自然弯曲，指向目标。

2.鼓掌

鼓掌，虽名为动作，却有深厚内涵。鼓掌传达的是一种毋庸置疑的意念，表示力量、喝彩、鼓舞、奋起，也表示喜悦、欢迎、感激。作为一种礼节，鼓掌应当做到恰到好处。

鼓掌的要点：应面带微笑，抬起两臂，抬起左手手掌到胸部，掌心向上，以右手除拇指外的其他四指轻拍左手中部。此时，节奏要平稳，频率要一致。鼓掌要适时适度，掌声大小，应与气氛相协调。

3.握手

握手，是一种礼节。在一切社会交往中，握手可以表达友好，加深双方的理解与信任，表示尊敬、景仰、祝贺、鼓励，并且往往象征着合作、和解、和平（图2-6）。

正确的握手方法是：握手时两人相距一步，双腿立正，上身稍向前倾，伸出右手，虎口相对、四指并拢，两人手掌与地面垂直相握，时长通常以3～5秒为好，握手的力度应适度，应有眼神和语言的交流，随后松开手掌，恢复原状。

握手的禁忌有：握手时不应戴帽子、口罩、墨镜和手套（军帽、女士的薄纱手套除外）；异性间握手应注意分寸，应时间短且用力轻；握手时应用右手，并保持手部的清洁；不宜坐着握手及十字交叉握手；根据情景、对象的不同，选择不同的握手方式，如老友重逢，可稍用力，时间长，也可同时用左手握对方右手手背（即双握式握手）；与数人相握，不可厚此薄彼。

图2-6

4.鞠躬

鞠躬，即弯腰行礼。同握手一样，也是表示对他人敬重的一种郑重的礼节。它不仅是我国的传统礼仪之一，也是很多国家常用的礼貌问候方式。在我国，鞠躬常用于晚辈对长辈表达由衷的敬意和感谢，也常用于服务人员对宾客致意，有时还用于向他人表达深深的感激之情或诚恳的道歉之意（图2-7）。

鞠躬礼要点：行鞠躬礼时，脱帽、立正、双目注视对方，面带微笑，然后身体上部向前倾斜，自然弯下15°～30°左右，低头，眼睛向下看。有时为深表谢意，前倾度数可加大。鞠躬礼毕，直起身时，双目还应有礼貌地注视对方，使人感到诚心诚意。

5.递接物品

递送时上身略向前倾，双手接取或递送；将文件或证件

图2-7

等正面向上并朝向对方。拿杯子要拿中下部，避免手部触碰杯口，如无人接，要轻拿轻放。递送笔、剪子、刀之类的尖锐物品时，避免尖锐部分朝向对方。别针之类的小东西，可以将它托在纸上或夹在上面递给对方。如：递接名片，双手接受或呈送名片（注意拿名片的位置）。接过名片先仔细阅读，然后再将对方的名片放好（不可随意装放）。如果未带名片，要向对方表示歉意（图2-8）。

图2-8

二、引导手势的要领

引导手势分为以下几个类型（表2-5，图2-9）。

表2-5

类　别	操作标准
横摆式手势	常用做"请进"手势。以右手为例：将五指伸直并拢，手心不要凹陷，手掌朝上，手与地面呈45°。动作时，以肘关节为轴，手从腹前抬起向右摆动至身体右前方，头略往手势方向倒；下半身同站姿体态（女士双脚可成丁字步），左手下垂，目视来宾，面带微笑。
曲臂式手势	当一只手拿着东西，扶着电梯门或房门，同时又需引领来宾时，可采用曲臂式手势。以右手为例：五指伸直并拢，从身体的侧前方，由下向上抬起，至上臂离开身体45°的高度，然后以肘关节为轴，手臂由体侧向体前摆动成曲臂状，目视来宾。
斜下式手势	常用做"请坐"的手势。请来宾入座时，手势要斜向下方。一只手曲臂由前抬起，再以肘关节为轴，前臂由上向下摆动，使手臂向下成一斜线，指尖指向椅子方向，并微笑示意来宾。
直臂式手势	常用做"请往前走"的手势。即五指并拢伸直，掌心向上，屈肘由腹前抬起，手的高度与肩同高，向要行进的方向伸出前臂。

注：所有的手势中，在指引方向时，身体应侧向来宾，眼睛要兼顾所指方向和来宾，直到来宾表示已清楚了方向，再把手臂放下，并后退一步，施礼并说"请您走好"等礼貌用语。

图2-9

三、手势的训练

步骤一：形体训练房或走廊、楼梯，穿着职业装。可准备名片、文件等物品。

步骤二：两人一组，按照各种手势的要领进行练习。指出对方的不足。

步骤三：可在走廊或上下楼梯处，同时练习引导手势和引导步，使学过的仪态得以练习。

四、手势的注意事项

① 在交往中，手势不宜过多，动作不宜过大，切忌"指手画脚"或"手舞足蹈"。

② 打招呼、致意、告别、欢呼、鼓掌都属于手势范围，应该注意其力度的大小、速度的快慢、时间的长短，不可过度。鼓掌是表示欢迎、祝贺、赞许、致谢等的礼貌举止。鼓掌的标准动作应该是用右手轻拍左手的掌心，鼓掌时不应戴手套，宜自然，切忌为使掌声大而使劲鼓掌，应自然终止。

③ 在任何情况下都不要用大拇指指自己的鼻尖或用手指指点他人。谈到自己时应用手掌轻按自己的左胸，那样会显得端庄、大方、可信。用手指指点他人是不礼貌的。

④ 一般认为，掌心向上的手势有诚恳、尊重他人的含义；掌心向下的手势意味着不够坦率缺乏诚意等；攥紧拳头暗示进攻和自卫，也表示愤怒；伸出手指来指点，是要引起他人的注意，含有教训人的意味。因此，在介绍某人、为某人引路指示方向、请人做某事时，应该掌心向上，以肘关节为轴，上身稍向前倾，以示尊敬。这种手势被认为是诚恳、恭敬、有礼貌的。

⑤ 有些手势不可以乱用。由于各国家、各地区、各民族习俗迥异，礼节不同，相同的手势表达的意思不仅可能有所不同，甚至可能大相径庭。

⑥ 日常生活中某些不雅的行为举止会令人反感，严重影响交际文明和自我形象，应该注意避免。如当众搔头皮、掏耳朵、抠鼻孔、剔牙、咬指甲、剜眼屎、搓泥垢等。餐桌上更应注意这些行为。

⑦ 递物接物时要主动走向对方，不要站在原地不动。且争取递到对方手中，不要随便放在桌子上或者其他地方。

第六节 表情的礼仪

表情是人们内心情绪的外在表现，最能够表现出人的真情实感。健康的表情应该是自然诚恳、和蔼可亲的，是一个人优雅风度的重要组成部分。同时，表情对人的语言起着解释、澄清、纠正、强化的作用。构成表情的主要因素是目光和笑容。

一、微笑

笑容也是人们思想感情的外露。它具有沟通感情、传递信息的作用。能够消除人与人之间的陌生感，使人们相互感染；创造融洽、和谐、互尊互爱的气氛，给予周围人亲切、愉悦的感觉；减轻人们身体和心理上的压力。笑容有很多种，如大笑、微笑、怯笑、苦笑等，但其中最美的还是微笑。微笑是一种礼节，发自内心的微笑是渗透情感的，包含着对人的关怀、热忱和爱心。在人际交往中，为了表示相互敬重、友好，保持微笑是十分必要的（图2-10）。

1. 微笑的标准

放松面部肌肉；嘴角微微上提，让嘴唇略成弧形；不牵动鼻子、不发出笑声、不露牙齿，尤其是不露出牙龈；眼中有笑意。

2. 微笑的训练

步骤一，对着镜子练习。全身放松，将头摆正，使眉毛、眼睛、面部肌肉和口形，在笑时和谐统一。

步骤二，情感练习。发挥想象力，回想美好愉悦的事情，通过面部表现出来，使微笑源自内心。通过自我观察，找到自己认为笑得最美最灿烂的那一刻，铭记在心。

图2-10

步骤三，可面对镜子，口中发"一"的声音，两颊的肌肉和嘴角都会自觉地上扬。要做到自然而且发自内心。

步骤四，情景训练。设计一段演讲或者自我介绍，讲述过程中使用规范、自然、大方的笑容与观众交流。

二、目光

"眼睛是心灵的窗户"——目光是一种无声的语言。眼神可以表达有声语言难以表现的情感、对事物的反应、心理状态、对待人生的态度，以及一个人的内心世界。在人际交往中，一个良好的交际形象，目光应该是坦然、亲切、和蔼、有神的。我们要有意识地用眼神交流，正确表达内心的情感。

1. 目光的注视区域

在人际交往中，根据场合和交往对象的不同，注视他人身体的部位也有所不同（图2-11）。

① 社交凝视：注视区域是以两眼为上线，注视位置在对方唇心到双眼之间的三角区域。适用于一切社交场合的目光凝视。如群众、同事间的交流，会营造一种平等放松的交往氛围。

② 亲密凝视：注视位置是对方双眼到胸部之间的区域。范围相对宽泛，适用于亲人、恋人、家庭成员之间的交流。在与他人关系比较生疏的情况下，选择这种方式凝视将会被视为无礼或者不怀好意，有非分之想。

③ 公务凝视：注视区域是以双眼为底线，注视位置在对方双眼到额头之间的区域。适用于洽谈业务或谈判等，给人一种严肃、认真的感觉。还会产生把握谈判主动权和控制权的效果。

2. 目光的注意事项

① 不可长时间将视线固定在注视位置上，或直视对方的眼睛。

② 不要盯住对方某一部位用力、长时间看，尤其是异性之间。

③ 与人说话时，目光集中在对方的下巴；听人说话时，要看着对方的眼睛。这是一种既讲礼貌又不容易疲劳的方法。

图2-11

④ 不斜视或者偷偷注视对方，这样做容易使交往对象有被监视的感觉，自己的形象也会因此受损。

⑤ 如对对方谈话感兴趣，则应该用柔和、友善的目光正视对方眼区。

⑥ 如想中断谈话，可有意识将目光转向他处。

⑦ 谈判或辩论时，千万不要轻易移开目光。

⑧ 当对方说错话害羞时，不要马上转移视线。

⑨ 谈话时切勿东张西望或者看表，这是很失礼的表现。

⑩ 对他人上下反复打量，是一种怀疑挑衅的表现，会令人感觉很不舒服，甚至是厌恶。

⑪ 当他人遇到尴尬的事情时，应将目光自然地移开，不要投去探询、好奇的凝视。但也不要迅速转移，否则对方会以为在讽刺与嘲笑他。

三、表情

每一种表情都需要面部各个部位的组合，并进行令人难以置信的、微妙的重新组合和排列，然后才能传递出独一无二的信号。人们往往能够迅速地辨认出这些表情及其含义。我们的面部有8个能够独立运动的区域，分别是额头和眉毛，眼睛、眼睑、鼻子，脸颊、嘴和下巴。下面我们将结合这些部位的变化，描述6种常见的面部表情（图2-12、图2-13）。

图2-12   图2-13

1.快乐

尽管微笑并不是表现快乐的独一无二的信号，但微笑确实是这种情绪最显而易见的标志。微笑对面部产生影响的部位主要涉及眼睛、嘴和脸颊。微笑时，下眼睑微微上扬，在下眼睑下面会出现皱纹，鱼尾纹可能会分布在眼角外围。当你的唇角向外和向上运动的时候，嘴巴就会变长。此时双唇可能会分开，并露出牙齿（通常露出上面的牙齿）。

2.悲伤

从整体上来说，嘴最能表露出人的悲伤情绪。悲伤的时候，嘴角下垂，会凸显出整个面部松弛呆滞和无精打采的状态。如果因为悲伤而流泪哭泣，人的双唇可能会颤抖。悲伤时，人的眉端上扬，因此，双眉之间的空间、鼻子根部，以及两只眼睛会呈现出一个三角形。在这个三角形的上方，额头可能会出现皱纹。同时，如果眼睛里噙着泪水，泪水会闪闪发光。

3.惊奇——

当人们感到惊奇的时候，眉毛会向上抬。额头的皱纹会形成波状，横向分布在额头上。

双眼睁得很大，会露出更多的眼白。

4. 恐惧

感到恐惧的时候，眉毛会上扬，并皱缩在一起。相比在惊奇中的表情，眉毛看上去没有那么弯曲，额头也会出现皱纹，但是，并不完全是横向分布，而是眉间往往会出现纵向的皱纹。上眼睑会抬起，露出眼白。下眼睑会变得紧绷，并且上扬。双唇会紧紧地向后拉伸。

5. 生气

当感到生气和愤怒的时候，肌肉会将眉毛往下拉，并向内紧缩。眉头紧锁，会让两眉之间出现纵向的皱纹。而当上眼睑和下眼睑向着彼此移动得越来越近的时候，双眼会变得窄而细。

6. 厌恶

当某些东西或事情让人感到讨厌或憎恶的时候，这种情绪主要会反映在眼睛里面，以及面部的下部分。下眼睑上扬，在眼睑下方会出现一些皱纹。通常人们会皱起鼻子，脸颊上移，双唇可能会上扬，或者仅仅只是向上牵动上嘴唇，下嘴唇下拉，嘴巴微微翘起。

第三章
服饰装扮的内涵展现

从古至今，可以说人类文明社会的发展历史，也是与其相随相伴相行的人类服饰的演变历史。服饰装扮早已在御寒、蔽体的基础上发展成为"物美人美，物我同一"的一门艺术。人们对服饰美的追求已成为日常生活中不可缺少的最重要的组成内容，关注的人群越来越多，追求的层次越来越高，哪里有生活，哪里就需要服饰美。

随着中国经济的快速发展，中国的国际化程度越来越高，中国市场上的国外服装也越来越多，而中国本土的服装市场也不断吸取国外服装的长处，以创造出适合中国人穿着习惯及气质的服饰。对于中国传统的服饰，也应时代的要求，加入了现代元素，以更加符合现代人的穿着品味。就如现代中国领导人外出访谈时很多人都会偏向于穿唐装和中山装，但是这里的唐装及中山装和传统意义上的又不尽相同。所以，随着时代的发展，服饰也在不断地向前发展。

第一节　身材与服装款式

一、女性身材与服装款式

女性身材从古至今都是大家热议的话题，到底如何分类众说纷纭。现在广为流行一种"五形分类法"，即将女性的身材按大体形状分为五类：梨形、草莓形、直尺形、棱形、沙漏形，每一种形态都独具特征，下面我们就看看不同特征的女性身材划分（表3-1）。

表3-1

	象形物化命名	英文字母命名
	梨形 上身窄下身宽	A型
	草莓形 上身宽下身窄	Y型

续表

	象形物化命名	英文字母命名
	直尺形 上下同宽、腰线不明	H型
	棱形 上下两端窄、中间部位宽	O型
	沙漏形 肩腰臀分明	X型

1. 梨形身材

这种身材的突出特点是臀部横向宽度突出，整体看来，臀及大腿根部是重心。梨形身材往往伴随腿（大腿根）粗的问题，并且大腿肌肉十分发达。

选择服装时要注意避免穿那些使臀部更加扩张的单品，比如哈伦裤、胯骨两侧有口袋的工装裤等；也要避免穿各种长度的筒裙，筒裙的款式会让梨形身材妹子下半身更加宽大。可以尝试强调上半身的装饰，比如塑身西装或夹克，中长款的马甲或呢外套也可以，达到视觉焦点上移的作用，下装尽量选择深色且不紧包臀部、腿部的服装（图3-1）。

图3-1

2.草莓形身材

草莓形身材特点在于上半身较为粗壮，尤其是肩膀宽阔圆而厚，胸部丰满，显得极为臃肿，下半身则是一双相对纤细的双腿。这种身材要避免上半身扩张的服装，比如一字领粗线毛衣、垫肩上衣或者泡泡袖，或是不收腰的宽松大T恤。可尝试选择修身简洁款上衣，上衣尽量要肩部无特殊设计，腰部有收腰细节的单品，比如衬衫、收腰T恤或中长版西装外套等。草莓形身材下半身尽量穿厚料裤装，亮色或具扩张效果的花纹裤装，这会很好地将焦点移至下半身（图3-2）。

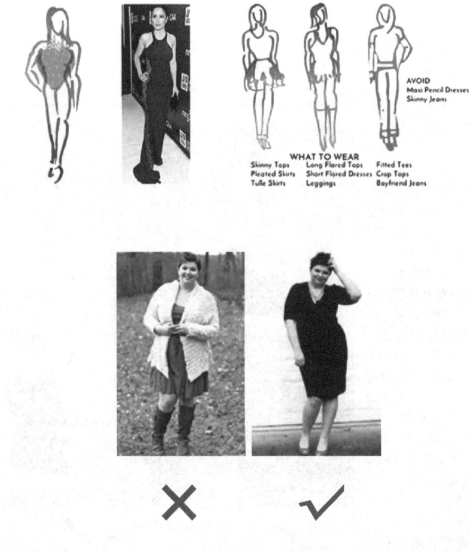

图3-2

3. 棱形身材

　　棱形身材最大的特点就是没有腰线，并且有着与梨形身材相似的下半身臀及腿部的丰硕，同时也伴随了草莓形身材的肩及胸部的丰满。这种身材需避免穿任何突出上半身或下半身横向宽度的服装及没有修身效果的服装。可尝试突出腰线的收身、塑形效果较明显的服装，比如中长款连衣裙、呢料西装大衣、腰线较高的连衣裙、或是连体裤都会是不错的选择（图3-3）。

图3-3

4.直尺形身材

直尺形身材的特点是上下宽度相同，身材曲线不明显，这种身材比较欠缺女人味。很多这类身材的女性都比较瘦，没有柔美的感觉，只有曲线玲珑才是迷人的身材。如何调整曲线不明确、身材直板印象的外形呢？首先，要避免穿平铺直叙无腰线无设计感的衣服，比如休闲的大白T恤或者很考验身材的完全修身连衣裙等。其次尝试具有女人味的服装，比如肩部公主袖设计的上衣、有腰线的衬衫、裙摆伞裙等（图3-4）。

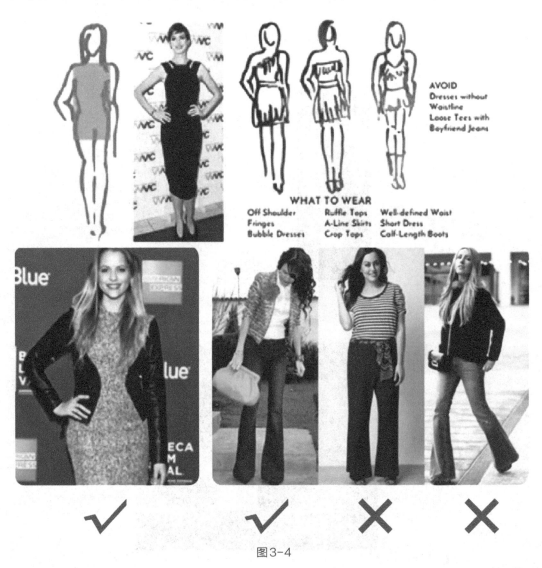

图3-4

5.沙漏形身材

沙漏形身材是女性中相对标准的身材，肩宽和胯宽对称，腰围明显，是其他几种身材需要趋向的一种身形，这种身材女性穿衣会更好看，需要注意的是上下身的丰满度及线条感，尽量打造圆润美（图3-5）。

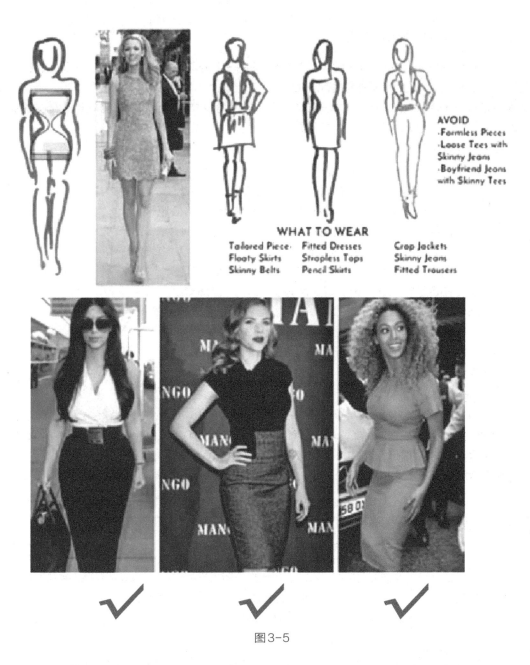

图3-5

沙漏形身材应避免上下半身的宽度失衡，太宽的肩膀或太丰满的臀部都会向草莓形和梨形身材趋近；也要避免穿腰线不明的服装。可以选择任意修身形的服装，无论是修身的上衣还是紧身的包臀裙，都会让原本的曲线更加玲珑有致。

虽然"五形分类法"在身材上会给我们一个穿衣的大致方向，但这种主要根据"肩、腰、臀"三个部位粗细变化界定体型的方式难免有点局限，因为它并不能进一步解决影响体型的其他重要因素，比如个头高矮、颈部长短、手臂粗细、小腿长短等，任何一种体型都有可能存在混合的体型特征。所以，针对"高矮胖瘦"和一些身材细节部位从"颈部""肩部""腰部""臀部"到"腿部"进行勾勒。

二、男性身材与服装款式

随着社会的发展，男性对于服装的认知也不同于从前了，除了舒适、保暖外，越来越注重个人审美与场合，于是服装的搭配越发讲究了。无论在学校里还是职场中，我们看到的男士服装搭配风格越来越多样化，如何选择适合自己身材的服装款式，怎样穿出自己的风格呢？下面就仔细学学几种典型身材男士衣服的穿配法，塑造得体形象。

1. 标准身材特征

上、下身比例：以肚脐为界，上下身比例应为5：8，符合"黄金分割"定律。

胸围：由腋下沿胸部的上方最丰满处测量胸围，应为身高的一半。

腰围：在正常情况下，量腰的最细部位。腰围较胸围小20厘米。

髋围：在体前耻骨平行于臀部最大部位。髋围较胸围大4厘米。

大腿围：在大腿的最上部位，臀折线下。大腿围较腰围小10厘米。

小腿围：在小腿最丰满处。小腿围较大腿围小20厘米。

足颈围：在足颈的最细部位。足颈围较小腿围小10厘米。

上臂围：在肩关节与肘关节之间的中部。上臂围等于大腿围的一半。

颈围：在颈的中部最细处。颈围与小腿围相等。

肩宽：两肩峰之间的距离。肩宽等于胸围的一半减4厘米。

2. 各类型男士服装搭配法

① 标准型男衣服的穿配法

全身各部位比例匀称的人，外部形态呈到三角形的体态多见于有规律的运动后，肌肉较发达的男性身材，他们穿起衣服非常挺括，精神，即使没什么棱角的衣服也会显得神采奕奕。衣服的选择面很广，穿什么款式几乎都可以。

所谓版型，指的是西装的外观轮廓。严格地讲，西装有四大基本版型，具体见表3-2。

表3-2　西装版型的分类

分　　类	信　　息
欧版西装	欧版西装实际上是在欧洲大陆，比如意大利、法国等流行的。最主要的代表品牌有杰尼亚、阿玛尼、费雷。欧版西装的基本轮廓是倒梯形，实际上就是肩宽收腰，这和欧洲男人比较高大魁梧的身材相吻合。选西装时，对这种欧版西装，要三思而后行，因为一般的人不够肩宽。双排扣、收腰、肩宽，也是欧版西装的基本特点。
英版西装	它是欧版的一个变种。它是单排扣，但是领子比较狭长，和盎格鲁–萨克逊人这个主体民族有关。盎格鲁–萨克逊人的脸形比较长，所以他们的西装领子比较宽广，也比较狭长。英版西装，一般是三个扣子的居多，其基本轮廓也是倒梯形。
美版西装	美版西装的基本轮廓特点是O型。它宽松肥大，适合于休闲场合穿。所以美版西装往往以单件者居多，一般都是休闲风格。美国人一般着装的基本特点可以用四个字来概括，就是宽衣大裤。强调舒适、随意，是美国人的特点。

续表

分　类	信　息
日版西装	日版西装的基本轮廓是H型的。它适合亚洲男人的身材，没有宽肩，也没有细腰。一般而言，它多是单排扣式，衣后不开衩。

② 窄小体型男士衣服的穿配法

亚洲男性的身材偏窄小，骨骼偏窄的体型适合浅淡明亮的色彩做对比搭配，尽量避免深色和紧身服装。着正装时，上装宜选用长翻领和插袋，上装的长度稍微短一些。选择间隔不太大的深底细条纹西装，这样看起来高一些。上穿直条纹尖领衬衫，再系一条色彩鲜艳的普通领带，打一个基本款式的活结。下装尽量穿裤线不明显的裤子。这样可以掩饰不够修长的腿型。着休闲装时，不宜太紧身，应在着装上有一定的宽松度，但不要有肥大的裤裆。不然会掩盖腿部长度。可选择有竖纹感觉的服装。以视觉错差改善身材的不足。在面料上宜选择些带有质感的面料，以增强视觉感。

③ 高瘦型男士衣服的穿配法

身材消瘦的男士会显得比较单薄，尤其两条细长的腿，可以选择外型较膨胀的服装，这里推荐双排扣的格子西装和格子夹克，视觉上会给人粗壮、结实的感觉。大方格图案不会很显眼，但能让人看上去显得身宽体胖，粗格的效果也会很好。下装可选择吊裆裤或是下缩口式样的休闲套装。选择正装时尽量不使用细条纹，格子图案会是很好的选择。上装和裤子颜色有所区分比穿整套西装好。如果用宽领衬衫配一条适中的丝质宽领带（最好是三角形或垂直小图案），再加一件翻领背心，使体形更显厚实。裤子应有明显的褶线和折脚。

④ 矮胖型男士衣服的穿配法

这种身材多见于中年男子，其身材特征为脖子粗、四肢短、躯干敦实。这种身材的人在着装打扮时要想方设法从视角上给人高大的感觉。带竖条的、纽扣的夹克衫（至少有三个甚至四个纽扣），纽扣最好紧靠胸部，这样能将人们的目光从你过粗的腰部移开。选择正装时，要以单排扣上装为主，尺寸要合身，可以稍小些，这样能突出胸部的厚实。要注意掩饰腹部，注意随时扣上纽扣。色彩上选用深色衣料，避免用浅色衣料。尖长领的直条纹衬衫是最合适的，但要系领带，这样别人不会注意你的腰围。选择休闲装时可选用带有垂直线型的款式，使视觉上有延伸和狭窄感。平整的肩部式样，V型领和竖式的配饰安排，能使视觉重量轻一些。

3. 男士正装着装注意事项

男士西装领带的搭配，从颜色搭配的角度讲，主要应注意以下几点。

黑色西服，可搭配明度较高的衬衫和浅色衬衫，配灰、蓝、绿等与衬衫色彩协调的领带。

灰西服，可搭配灰、绿、黄和砖色领带，穿白色为主的衬衫。

暗蓝色西服，可以配蓝、胭脂红和橙黄色领带，穿白色和亮蓝色的衬衫。

蓝色西服，可以配暗蓝、灰、胭脂、黄和砖色领带，穿粉红、乳黄、银灰和明亮蓝色的衬衫。

褐色西服，可以配暗褐、灰、绿和黄色领带，穿白、灰、银色和明亮褐色的衬衫。

绿色西服，可以配黄、胭脂、褐色和砖色领带，穿银灰、蓝色、褐色和银灰色衬衫。

第二节　服饰搭配与场合

法国时装设计师夏奈尔曾经说过："当你穿得邋邋遢遢时，人们注意的是你的衣服；当你穿着无懈可击时，人们注意的是你。"莎士比亚也说过："外表显示人的内涵。"在校园内，别人在判断你时，不光看你的才华，还看你的衣着。这说明着装是多么重要。

一、校园服饰着装原则

一名学生，穿着要符合身份、符合要求；走出校园代表着学校，更要时刻注意自己的着装是不是符合身份，符合礼仪。《弟子规》又言："冠必正，纽必结；袜与履，俱紧切。"帽子一定要戴端正，衣服纽扣要扣好，袜子和鞋子都要穿整齐，鞋带要系紧。《弟子规》讲得很简单但又恰到好处，强调了基本的穿衣穿袜标准。

穿着整齐，舒服自然，是对大学生的基本要求。大学生着装不能过分追求服装的品牌，过分追求服装的华丽，过分追求社会上的时髦。大学生着装要根据家庭条件的状况，合理、朴素地着装。

二、校园场合服饰搭配

大学生在校园里适合穿什么样的服装呢？一般来说在校穿着应以休闲、运动装为主，个性着装为辅，并依据场合穿着正装。不同场合不同时间应灵活对待，合理穿着。

1. 校服类服装

校服最早起源于欧洲，学校为了规范管理，统一着装。在学校的日常生活中，穿上校服能够展现学生精神抖擞、活力飞扬的一面，是学生青春时代的专属标志。

校服是学校规定的统一样式的学生服装，中小学学生的普遍穿着。在我国一些大学也普遍定制校服，但是校服多以运动装为主，于开学典礼、毕业典礼、校庆、运动会等学校开展的大型活动时要求学生统一穿着。在校大学生提倡穿着校服，穿着校服会给人一种热爱校园热爱学校的感觉，同时也代表了一个学校的精神风貌。

学生统一穿校服，有利于培养学生的团队精神，强化学校的整体形象，增强集体荣誉感。校服制的实施在素质教育中起到了举足轻重的作用，校服可以使学生在身份感上区别社会其他人，因而有了对学生自身的约束力，有一种象征的意义。校服还可以产生一种平等感，对于避免攀比之风在校园里出现有积极意义。校服还能在一定程度上减少家长对服装的投入。

但是，校服也存在着许多缺点，比如不利于学生个性和创新精神的培养，有的校服质量不佳，尺寸并不适合所有人，不方便补订等等。

中国大陆的校服主要是运动服和统一制服（图3-6、图3-7），只有少数学校的校服已更新为西式制服（图3-8）。台湾、香港的校服通常为水手服、制服或旗袍（图3-9）。

2. 特定场合类制服

在大学里一些特定的场合，如实验室、实训室等，必须按有关规定进行着装。实验室中一定要穿着简单，特定的试验服装如白大褂、口罩等；技能实训室要按照职业标准穿着职业工作制服，如机修专业、航空服务专业、烹饪专业、美容、美发化妆专业等。在特定的场合培养学生良好的职业习惯和职业形象（图3-10）。

北京四中

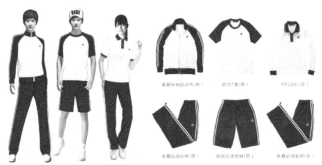

图3-6

图3-7

北京四中

图3-8

图3-9

图3-10

3.休闲类服装

大学生在校园里主要活动是学习知识、积累经验，除偶尔会有学校组织的大型集会、参与社团活动等，大多数时间是在教室、图书馆和宿舍里度过的。那么运动休闲装适合大学生的大部分活动学习生活，除特别规定必须穿特定服装的场合外，休闲、运动类服装是不会引起争议的。

第三节　服饰风格与搭配

随着社会的迅猛发展，人们越来越注重服饰与自身风格的搭配，尤其女士服饰风格更是琳琅满目，如何选择适合自己的服饰呢？这里我们将女士风格分为九种类型，包括可爱型、优雅型、浪漫型、时尚型、柔美型、华丽型、纯洁型、知性型、现代型（图3-11）。

这些类型我们是在坐标轴上定义的，横坐标为曲线型到直线型风格逐渐转变，纵坐标为柔和向硬朗的转变。根据以上的类型转变定义了九种风格类型。

	柔和质感		
曲线型	可爱型	时尚型	纯洁型
	优雅型	柔美型	知性型
	浪漫型	华丽型	现代型

直线型

硬朗质感

女士九型风格图

图3-11

一、女士曲线型服饰风格

1.女士可爱型服饰风格特点及视觉感受

可爱型服饰风格是曲线型风格中最偏向柔和质感的，我们可以想象到甜美得如春天般灿烂的款式，如，泡泡袖、百褶裙、蝴蝶结。这些都是可爱型风格的独有标志。

可爱、乖巧、活泼、年轻、甜美是这个风格的导向，身材矮小且笑容灿烂，一张没有年龄感的脸庞，暖色调与曲线装饰是最好的诠释（图3-12）。

图3-12

2. 女士优雅型服饰风格特点及视觉感受

　　曲线型中质感折中的类型，你是否会想到波浪发型与温婉的身姿组合出柔美大气的高雅气息，选择服装色彩应明度较高、且偏暖色调，局部曲线带出精致的感觉。

　　优雅的、高雅的、淑女的、典雅的、飘逸的、雅致的视觉感受，无论走在哪里都是众人目光的焦点（图3-13）。

图3-13

3. 女士浪漫型服饰风格特点及视觉感受

　　浪漫型服饰风格是较硬朗的曲线型，是性感的代名词，纯色系的代表，大块面的集合附带小局部的装饰。鱼尾裙是最具有这个风格特点的服饰。

　　浪漫的、女人的、性感的、迷人的、热烈的整体印象。即使只看背影都能让人感受到与众不同之处，与S形身材交相辉映，是热情火辣的代表（图3-14）。

图3-14

二、女士中间型服饰风格

1. 女士时尚型服饰风格特点及视觉感受

时尚型服饰风格是中间型里质感最柔和的，其特点款式简洁明朗，没有太多局部的装饰，色彩比较单一。

创新的、时尚的、个性的、叛逆的、潮流的、古怪的视觉特点给人以有性格、不从众的印象（图3-15）。

图3-15

2. 女士柔美型服饰风格特点及视觉感受

柔美型服饰风格的质感为中间质感，其特点表现为纯度低、款式简洁、邻近色较多，没有夸张的装饰，稳稳的隐藏于众人之中。

休闲的、自然的、随意的、朴素的整体印象给人足够的信任感，白领中多见这类型人，她们做事情很认真但是为人十分低调，但是身边很多朋友（图3-16）。

图3-16

3. 女士华丽型服饰风格特点及视觉感受

华丽型服饰风格是中间型中最为硬朗质感的类型，直角的领子设计，加上偏冷色调的低纯度组成了华丽型服饰。

华贵的、华美的、大气的、醒目的视觉特点，庄重典雅不失礼节，尽展成熟女人的魅力（图3-17）。

图3-17

三、女士直线型服饰风格

1. 女士纯洁型服饰风格特点及视觉感受

纯洁型服饰风格是直线型中最柔和的类型，她细腻温婉，小文艺风格明显，散发着青春的气息。

帅气的、前卫的、冷酷的、年轻的视觉特点，用小碎花或是格子、条纹作为装饰，有些英伦范的帅气的感觉，时而又倔强有个性（图3-18）。

图3-18

2. 女士知性型服饰风格特点及视觉感受

知性型服饰风格是直线型中间质感的风格，多见于上班一族或是会议场合，冷静、理智的感觉凸显，以冷色调纯色为主，可根据不同季节调整明度。

严谨的、古典的、尚品的、理性的视觉感受，带给人严肃、认真、周到的感觉，尤其在职场或是办公环境较多见（图3-19）。

图3-19

3.女士现代型服饰风格特点及视觉感受

现代型服饰风格是直线型中最硬朗质感的风格，这种风格让人感觉冷峻而高傲，强势而独立，到处显现直线的特质，冷色调独占其色彩主调。

实力的、强势的、稳重的、现代的、硬朗的、整体印象让人不敢直视的女强人类型就是如此，永远不会软弱的形象（图3-20）。

图3-20

对于个人形象关注绝不仅限于女性，男士也是越发注重自己的形象，同样分为九类，包括阳光型风格服饰、儒雅型风格服饰、浪漫型风格服饰、时尚型风格服饰、自然型风格服饰、华丽型风格服饰、前卫型风格服饰、古典型风格服饰、硬朗型风格服饰。

以上分类按照曲线型服饰风格、中间型服饰风格、直线型服饰风格划分。下面对每种风格进行分别介绍（图3-21）。

四、男士曲线型服饰风格

1. 阳光型服饰风格特点及视觉感受

阳光型服饰风格是曲线型中量感最小的风格，其特点表现为健康向上、朝气蓬勃，以靓丽的色彩为主色调。

阳光型服饰风格给人阳光的、开朗的、可爱的、活力的、朝气的、稚气的整体印象。

2. 儒雅型服饰风格特点及视觉感受

儒雅型服饰风格是曲线型中量感偏中的风格，给人文质彬彬、稳重、温文尔雅的整体印象。

3. 浪漫型服饰风格特点及视觉感受

浪漫型服饰风格是曲线型中量感最大的风格类型，给人浪漫的、幽默的、结实的、憨厚的、风度翩翩的视觉感受。

	柔和质感	
阳光型	时尚型	前卫型
儒雅型	自然型	古曲型
浪漫型	华丽型	硬朗型

曲线型　（左）　　直线型（右）

硬朗质感

男士九型风格图

图3-21

五、男士中间型服饰风格

1. 时尚型风格特点及视觉感受

时尚型服饰风格属于中间型，量感为小量感。带给人的视觉感受是时尚的、超前的、另类的、叛逆的、与众不同的，是时尚气息爆棚，吸引女性眼球的类型。这个类型喜欢新奇的饰品，追逐前沿动态，无论是服饰还是发型都是另类的。

2. 自然型服饰风格特点及视觉感受

自然型服饰风格属于中间型，量感为中量感。给人的视觉感受是潇洒的、随意的、有亲和力的、无距离感的、亲切的，这个类型多见于性格随和的人，喜欢舒展放松的生活方式，服装也是以飘逸、轻薄、舒适质地为主，中色调打造质朴风格。

3. 华丽型服饰风格特点及视觉感受

华丽型服饰风格属于中间型中量感最大的类型。给人的视觉感受为风风火火的、成熟大气的、隆重的整体印象。这类风格很有型男风范。

六、男士直线型服饰风格

1. 前卫型服饰风格特点及视觉感受

前卫型服饰风格属于直线型中量感的风格类型。给人的视觉感受为帅气的、冷酷的、英俊的、锐利的、好动的。这类男性多以休闲服饰装扮自己，或是黑白灰的无色调装扮。

2. 古典型服饰风格特点及视觉感受

古典型服饰风格属于直线型中量感居中的风格类型。给人以英伦的、知性的、绅士的、正统的、正式的整体印象。这类风格更多出现在较正式的商业人士，或是公司高管、企业主管。他们用严肃的眼神、硬朗的五官雕塑出极为绅士的形象。

3.硬朗型服饰风格特点及视觉感受

硬朗型服饰风格属于直线型,其量感是最大的,给人的视觉感受是现代的、霸气的、强悍的、不可战胜的、冷气逼人的。这类极其直线大量感的男士会给人过于强势或是高冷不好接触的感觉,脸上多是直线,少见笑容,喜欢用冷色的深色调装扮自己。

第四节　饰品风格与点睛

一、饰品的含义

现代生活中,饰品与服装都是服饰概念的组成部分,饰品佩戴也有传播信息的作用,能表明主人的想法,尤其在公关交际场合更应恰到好处地佩带这些饰品。正确地搭配,确实可以起到画龙点睛的作用。

饰品是用来装饰和佩戴的,有些饰品可以起到美化的作用,好的饰品可以让人焕然一新。

首饰的佩戴包含项链的佩戴礼仪、戒指的佩戴礼仪、耳饰的选择和佩戴、手链脚链的选择、手表的选择和佩戴。

配饰包含丝巾的选择和佩戴、帽子和手套的礼仪、腰带的搭配、包的选用和搭配。

二、饰品的作用及功能

根据首饰的用途,可将其分为实用性首饰、艺术性首饰、纪念性首饰、传统性首饰和寓意性首饰。

实用性首饰是指具有实用价值的首饰,如用来系结衣物的别针、纽扣、领带夹、带环,用于束发的发卡、发带、发结、发簪等。

艺术性首饰是指艺术价值和审美价值占主导地位的首饰,其主要作用是供人欣赏和收藏。一般出自名家之手或专为大型评奖、展览、流行款式发布会所设计。

纪念性首饰是对某些事件或某个人表示纪念的首饰,如订婚戒指、结婚戒指、金婚戒指等。传统性首饰是着重体现文化内涵及与他人相互关系的首饰,如代表某一历史时期的造型特色,或是某民族、教派、家族的象征等。

寓意性首饰是具有某种精神寄托性的首饰。它主要通过两种方式来表现,第一种方式是外型,如"心"型或"爱"字型首饰象征自己对爱情的真诚;另一种方式是赋予首饰材料某种含义,如生辰石就用来表示人们的生辰月份,表达各种美好象征。

为了恰当地选择与佩戴首饰,人们必须考虑自己的性别、年龄、容貌、职业、场合等众多因素。在首饰与脸型、手型的搭配中,充分应用视错原理,以便首饰与佩戴者的容貌更加吻合、更加协调。

根据佩戴者的性别,首饰可分为女性首饰和男性首饰。女性首饰的特点是设计美观、做工精巧、色彩鲜艳并富有变化,其作用是使佩戴者的女性魅力更充分地表现出来。因此女性首饰的设计所受的局限极小,正如女性服装一样,可以不断地推陈出新。当今首饰世界仍是女性首饰占主导地位。男性首饰的特点是线条明快、粗犷,设计大方,突出首饰材料的特点及价值。这是因为男性佩戴首饰的动机与女性不同。女性佩戴首饰主要是为了漂亮,而男性则更想突出自己的个性。据调查，目前男性佩戴首饰的动机主要有：展示成就感，包括显示富有、表示独立个性、显示阳刚之气、取某种寓意、仿效自己所崇拜的人等。

三、不同饰品的装饰效果

根据首饰佩戴的位置，可分为头饰、颈饰、胸腰饰、手足饰。

1. 头饰

头饰指戴在头上的饰物。与其他部位的首饰相比，装饰性最强，因而主要是女性首饰，包括发饰和耳饰。发饰包括发簪、发钗、发夹、发套、发带等。发簪和发钗是我国古代妇女的重要发饰。现代妇女通常使用发针、发夹、发带、网扣等。各种各样的发饰，只要佩戴得体，都会增添光彩。耳饰是戴在耳垂上的饰物，是最能体现女性美的重要女性饰物之一。通过耳环的款式、长度和形状的正确运用，来调节人们的视觉，达到美化形象的目的。

目前市场上的耳环有插圈和轧圈两种。前者只适合于耳垂上已有穿孔者佩戴，插圈从耳孔中直插过去，可将饰物牢固地固定在耳垂上。后者主要采用耳钳夹紧固定在耳垂上，其优点是便于脱卸。耳环样式变化多样，有带坠儿、方形、三角形、菱形、圆形、椭圆形、双股扭条圈、大圈套小圈等多种样式。加上金、银、珠宝各种材料搭配相宜，使耳饰品更加争奇斗艳。许多妇女在接受男人礼物时，也乐于接受新款式耳环。

我国耳饰的历史可追溯到新石器时代。最早的耳饰称为玉玦，形状为有缺口的圆环形，多为玉制。据说古人饰玉有两个含义：一是表示有决断性；二是用玉玦表示断绝之意。耳环则是随着冶金技术的产生而出现的。据考证，最早的耳环用青铜制成，商代后出现了嵌有绿松石的金耳环，到了明代，耳环式样已相当多了。

戴项链最初是为了显示力量和勇敢。因为考古发现，几十万年前北京周口店的"山顶洞人"就已使用串饰。那时的串饰是用兽骨、兽牙、贝壳等串成，并用染料染成红色。在与猛兽搏斗中，人们发现，失去鲜红的血就失去了生命，同时也深深感受到猛兽的牙齿、四肢和利爪的力量。人们在捕猎获胜后，把吃剩下的兽骨、兽牙、兽爪串在一起，并染成红色，一来显示自己的勇敢和力量；二来也期望由此而全部地吸收猛兽的力量和生命力。因此，人类有了精神生活，也就有了项链。

不要戴多条项链，比较长的可折成数圈佩戴。正式场合不要选用过分怪异的图形、文字的链坠，也不要同时使用两个以上的链坠。

金项链以"足赤"而给人一种娇贵富丽的感觉。

珍珠项链则以白玉透亮而给人以清雅脱俗之感；雕成花球形的不透明象牙或骨质同样也会产生高雅的美感。

项链的粗细，应该和脖子的粗细成正比。

细小的金项链与无领的连衣裙相配会显得清秀，而挂在厚实的高领衣装外，则会给人清贫寒酸的印象；垂到胸部的长项链，有助于改善矮胖的体形和圆脸。

2. 戴在手和脚上的饰品

戴在手和脚上的饰品主要有手镯、手链、戒指、脚链等。手是最容易被人注意的一个部位，所以首饰的样式千姿百态，戴在女性圆润的胳膊上、纤细的手指上以吸引人们的视线。手镯是一种套在手腕上的环形饰品。按结构，一般可分为两种：一是封闭形圆环，以玉石材料为多；二是有端口或由数个链片组成，以金属材料居多。按制作材料，可分为金手镯、银

图3-22

手镯、玉手镯、镶宝石手镯等。手镯的作用大体有两个方面：一是显示身份，突出个性；二是美化手臂。手镯一般佩戴在左手上，镶宝石手镯应贴在手腕上，不镶宝石的，可松松戴在腕部，只有成对的手镯才能左右腕同时佩戴。

戒指也有自己的语言，大拇指通常不戴戒指，其余四指戴戒指的寓意分别为：食指表示求爱或求婚；中指表示正在热恋中；无名指表示已婚；小拇指表示是单身或独身主义者。公关人员应该特别注意准确传递戒指的这种特定信息，不至于在公众面前"失手"（图3-22）。

一个手指头不要戴多枚戒指，一只手不要戴两只以上的戒指。

在和别人谈话的时候，不要抚弄自己的戒指。否则，别人会认为你不是心不在焉，就是有意展示自己的戒指。

有资料表明，我国大约在距今4000多年前就已有人佩戴戒指。秦汉时期，妇女佩戴戒指已很普遍。东汉时期，民间已将戒指作为定情之物，青年男女往往以赠送指环表达爱慕之情。到了唐代，戒指作为定情信物就更加盛行，并一直延续至今。

后来戒指变成结婚的信物。14世纪，欧洲女性戴戒指普遍起来，形成了现今每个手指戴戒指时所代表的不同含义。戒指一般应戴在左手上，这也是世界各国所接受的习俗。

3. 手表礼仪

在社交场合人们所戴的手表往往体现其地位、身份和财富状况。因此在人际交往中人们所戴的手表、尤其是男士所戴的手表，大都引人瞩目。在正规的社交场合，手表往往被视同首饰，对于平时只有戒指一种首饰可戴的男士来说，更是备受重视。有人甚至强调说："手表不仅是男人的首饰，而且是男人最重要的首饰。"在西方国家，手表与钢笔、打火机曾一度被称为成年男子的"三件宝"。选择手表，往往应注重以下几方面。

手表的功能是计时，因此，正式场合所用的手表，不管是指针式、跳字式还是报时式，都应具有这一功能，并且应当精确到时、分，能精确到秒则更好。只精确到时的手表，显然不符合要求。总之手表的功能要少而精，并要有实用价值（图3-23）。

手表的造型往往与其身价、档次有关。在正式场合所戴的手表，在造型方面应当庄重、保守，避免怪异、新潮。男士，尤其是位尊者、年长者更要注意。造型新奇、花哨的手表，仅适用于青少年及儿童。一般而言，正圆形、椭圆形、正方形、长方形以及菱形手表，因其造型庄重、保守，适用范围极广，特别适合在正式场合佩戴。

除数字、商标、厂名、品牌外，手表上没有必要出现其他没有任何作用的图案。选择正式场

图3-23

合使用的手表，尤其需要牢记此点。倘若手表
上图案稀奇古怪、多种多样，不仅不利于使用，
反而有可能招人笑话。

4. 丝巾佩戴的礼仪

丝巾是女士的钟爱。确实，不管什么场合，
利用飘逸柔媚的丝巾稍作点缀，一下就能让你
的穿着更有味道。挑选丝巾重点是丝巾的颜色、
图案、质地和垂坠感。可以用丝巾调节脸部气
色，如红色可映得面颊红润；或是突出整体打
扮，如衣深巾浅、衣冷色巾暖色、衣素巾艳等
（图3-24）。

图3-24

但佩带丝巾要注意，如果脸色偏黄，不宜选用深红、绿、蓝、黄色丝巾；脸色偏黑，不
宜选用白色、有鲜艳大红图案的丝巾。丝巾不要放到洗衣机里洗，也不要用力搓揉和拧干，
只要放入稀释的清洁剂中浸泡一两分钟，轻轻拧出多余水分再晾干就行了。

围巾一般在春冬季节使用得比较多。它的搭配要和衣服、季节协调。厚重的衣服可以搭
配轻柔的围巾，但轻柔的衣服却绝不能搭配厚重的围巾。围巾和大衣一般都适合室外或部分
公共场所穿着，到了房间里面就要及时摘掉，不然会让人感到有压力。

5. 腰带佩戴的礼仪

男士的腰带一般比较单一，质地大多是皮革的，女士的腰带很丰富，质地有皮革的、编
织物的、其他纺织的，纯装饰性的用途更多。

女士使用腰带要注意以下事项。

① 要和服装的协调搭配，包括款式和颜色，穿西服套裙一般选择皮革或纺织的、花样较
少的腰带；暗色服装不要配用浅色的腰带。

② 要和体型搭配，个子过于瘦高，可以用较显眼的腰带；如果上身长下身短，可以适当
提高腰带到比较合适的上下身比例线上，造成比较好的视觉效果；如果身体过于矮胖，就要
避免使用大的、花样多的宽腰带。

③ 要和社交场合协调。职业场合不要用装饰太多的腰带，而要显得干净利落一些；参加
晚宴、舞会时，腰带可以花哨些。

无论男女，扎腰带一定要注意出门前看看你的腰带扎得是否合适，腰带有没有"异常"，
在公共场合或别人面前动腰带是不合适的。在进餐的时候，更不要当众松紧腰带，这样既不
礼貌，也不雅观，如果必要，可以起身到洗手间去整理。

6. 领带佩戴的礼仪

男士的领带，将比其他的配佩，更能左右他人对自己身份、地位、个性及能力的观感，
而平日里有些男士所穿的衬衣、系的领带分开来看质地、颜色都是不错的，但配在一起明显
地让人感到颜色不协调或很没档次，这其实是很糟糕的情形，令人对你的印象大打折扣。但
只要知道西服与领带之间的搭配规律，选配领带就不再是一件令人头痛的事，而会变得相当
简单。

首先，领带过长或太短，都是不雅的；适当的领带长度，是领带的尖端恰好触及皮带
扣，不能多也不能少。领带的长度、种类很多，较好的领带往往较长，标准的长度是55英寸

或56英寸❶。领带长度完全根据个人身高状况，以及打领带方法的不同，从而选择最适合的领带。

领带的宽度也很重要，虽然到目前为止并无一定的规则，但基本上，领带的宽度应该与西装翻领的宽度，配合得十分和谐。目前，标准的领带宽，是指领带末端最宽的地方为4～4.5英寸。

领带的图案、颜色有很多，最常见也是最实用的一种款式，是完全没有图案或花样的领带，即单色领带。一条单色的领带，能够与任何款式的西装或衬衫搭配。无论是搭配花衬衫或大格子衬衫、或深色宽直条纹的各种西装，均非常出色；甚至有时候，某些衬衫或西装，只能搭配单色的领带。单色的搭配因其简便、适应范围广而受到欢迎，如灰色西装，搭配浅蓝色或暗红色的领带；一套昂贵的、做工及质料上乘的西装，配以单色领带，更能强调华美的质料与精巧的剪裁，完全予人一种整体美。

7. 注意事项

① 符合身份

首饰的作用就是装饰，但如果这种装饰给自己和别人带来不快的话，美丽也就不存在了。也许你一直不知道自己的形象是何时给别人留下坏印象的，但从此刻起，你就要留意是否要遵守各种礼仪规范了。在正式商务交往中选戴首饰时，商务人员要使之与自己的身份相称，一般要讲究"三不戴"，首先，有碍于工作的首饰不戴，如果某些首饰会直接影响自己的正常工作，就应该不要带。其次，炫耀自己财力的首饰不戴，在工作场合佩戴过于名贵的首饰，难免给人招摇的感觉。最后，突出个人性别特征的首饰不戴，胸针、耳环等，往往会突出佩戴者的特征，从而引起异性的过分注意，在工作场合最好不要带。

② 男女有别

从某种方面讲，首饰一般都是女士佩戴的，男性通常不适合在正式场合佩戴过多的首饰，女士往往有更多的选择，但应该注意以下几点。

首饰搭配礼仪之数量。佩戴饰品首饰时数量上应注意的礼仪是以少为佳。在必要时，可以一件饰品也不佩戴。若有意同时佩戴多种饰品，其上限一般为三，即不应当超过三种。除耳环、手镯外，最好不要使佩戴的同类饰品超过一件。

首饰搭配礼仪之色彩。佩戴饰品首饰时色彩上应注意的礼仪是力求同色。若同时佩戴两件或两件以上饰品，应使其色彩一致。戴镶嵌饰品时，应使其主色调保持一致。千万不要使所戴的几种饰品色彩斑斓，把佩戴者打扮得像一棵"圣诞树"。

首饰搭配礼仪之质地。佩戴饰品首饰时质地上应注意的礼仪是争取同质。若同时佩戴两件或两件以上的首饰，应使其质地相同。戴镶嵌饰品时，应使其被镶嵌物质地一致，托架也应力求一致。这样做的好处，是能令其总体上显得协调一致。另外还须注意，高档饰物，尤其是珠宝饰品，多适用于隆重的社交场合，但不适合在工作、休闲时佩戴。

首饰搭配礼仪之身份。佩戴饰品首饰时身份上应注意的礼仪是要符合身份。选择佩戴饰品首饰时，不仅要照顾个人爱好，更应当使之服从于本人身份，要与自己的性别、年龄、职业、工作环境保持大体一致，而不宜使之相去甚远。

首饰搭配礼仪之体型。佩戴饰品首饰时体型上应注意的礼仪是要使饰品为自己的体型扬

---

❶ 1英寸≈3.33厘米。

长避短。避短是其中的重点，扬长则需适时而定。

　　首饰搭配礼仪之季节。佩戴饰品首饰时季节上应注意的礼仪是所佩戴饰品首饰应与季节相吻合。一般而言，季节不同，所佩戴饰品首饰也应不同。金色、深色饰品适于冷季佩戴，银色、艳色饰品则适合暖季佩戴。

　　首饰搭配礼仪之搭配。佩戴饰品首饰时搭配应注意的礼仪是要尽力使服饰协调。佩戴饰品首饰，应视为服装整体上的一个环节。要兼顾同时穿着的服装的质地、色彩、款式，并努力使之在搭配、风格上相互匹配。

　　首饰搭配礼仪之习俗。佩戴饰品首饰时习俗上应注意的礼仪是遵守习俗。不同的地区、不同的民族，佩戴饰品首饰的习惯做法多有不同。对此一是要了解，二是要尊重。佩戴饰品首饰不讲习俗，万万是行不通的。

　　在较为正规的场合使用饰品，务必要遵守其使用应注意的礼仪。这样做的好处是，既能让饰品发挥其应有的美化、装饰功能，又能合乎常规，在选择、搭配、使用之中不至于弄出洋相，被人笑话。

公共礼仪篇

第四章
社会交往

  古希腊哲学家亚里士多德在谈及人类的基本特征时曾经指出：一个人在社会上如欲生存、发展，就必须以各种形式与其他人进行交往。一个人没有人际交往，不善于处理人际关系，就难言人与人之间的合作。而没有人与人之间的合作，任何人都难以生存、发展。

  作为涉世不深者，大学生往往一方面乐于进行人际交往，另一方面则交往能力较差。有的人在人际交往时，要么腼腆，要么自卑，要么多疑，要么固执，要么自负，要么孤僻。还有极个别者，则将正常的人际交往视为畏途，勉强应付。长此以往，不但难以建立良好的人际关系，就连普通的人际交往都难以取得进展。凡此种种，都要求学生认真学习社交礼仪。

  在现实生活中，交往是人类最基本的社会活动。任何人际交往都有必要借助于一定的形式。然而，各种具体的人际交往形式都有其一定之规可循。这种一定之规，指的就是交往礼仪，即人们在各种具体的交往场合中处理其人际关系时所必须恪守的行为规范。对于人际交往，应有的正确态度：一是要积极参与，并及时的总结经验教训；二是要掌握基本的交往礼仪，并正确的加以运用。这两条做好了，大家在处理人际关系时就可以举重若轻、应付自如。

第一节　社会公德

  所谓公德，通常指的是人们在社会生活中共同遵守的行为准则，它主要通过社会舆论对人类的社会生活发挥一定的约束作用。讲究公德，不仅是每一位公民的义务，也是社会稳定、有序发展的重要保证。

在日常生活中，讲究公德与讲究礼仪的关系十分密切。公德是讲究礼仪的重要基础，讲究礼仪是讲究公德的具体表现。因此，对于每一位学生而言，讲究礼仪就一定要讲究公德，而讲究公德反过来又必然会对讲究礼仪有所帮助。在社会生活中，学生既要懂得并应用礼仪，又要讲究公德。

一、维护秩序

维护秩序，是对大学生讲究公德的首要要求。所谓秩序，在此指的主要是社会秩序，也是社会井然有序或呈现为动态平衡的基本状态良好的社会秩序，是避免混乱与动荡的基本保障。只有全体公民自觉维护社会秩序，社会才有稳定祥和、发展与进步。

1. 遵纪守法

作为一名当代公民，在社会生活中，学生必须以自己的实际行动遵纪守法，不可言行不一、口是心非。

法律，通常是指由立法机关制定、国家政权保证执行的行为规范。中国是一个实行法治、依法治国的国家。因此，大学生一定要自觉做到有法必依。

所谓纪律，则是指一个团体或者组织为了维护集体利益并保障其正常运作而制定的，要求每一名成员自觉遵守的规章、条文。在学校里，作为一名学生，大学生必须严格遵守学校规律；在组织内，作为一名成员，则必须自觉遵守组织纪律。

2. 保护公物

保护公物，是人们维护社会公共秩序应有的觉悟。在社会生活中，大学生必须以自己的实际行动保护公物，并积极与破坏公物的行为进行坚决斗争。

应当特别注意，不可将任何公物窃为己有，也不以任何形式独占或者私用公物。在公共场所活动时，不要四处乱刻、乱画、乱涂、乱抹，不要破坏公共建筑物，不要随意攀援公园内的树木或者偷采花卉、果实，同时要爱惜公用的桌椅、电话以及其他设施或用具。

3. 礼让有序

在公共场所活动时，要严于律己，自觉地检点个人行为。对于自己遇到的其他社会成员，不论相识与否，都要谦让，并尽量与之和平共处。不要无事生非、寻衅滋事，更不允许欺软怕硬、刁蛮无理、打架骂人。

需要与其他人同时使用公用设施或是进行某项活动时，要讲究先来后到，依次进行，礼让他人。除去按照规定可以给予某些特殊人士照顾之外，维护现场秩序的最佳良方就是大家自觉排队。

4. 无碍于人

在日常生活中，切勿因为自己的粗心大意而妨碍别人。

① 不在公共场所大声喧哗。在公共场所活动时，不论交谈、行走、都不应当制造噪声。无视别人的存在，甚至大呼小叫、高声谈笑、引吭高歌、打打闹闹，这些都是极度失礼的。

② 不尾随或围观他人。在公共场所活动时，不可尾随、围观、窥视或反复打量陌生人。指点、议论别人，甚至不邀而至的自动加入别人的谈话，都是不礼貌的。对异性、少数民族、外国友人或残障人士尤为不妥。

③ 不与他人相距过近。人与人之间相处时的距离，往往会因彼此关系不同而有所不

同。在正常情况下，与亲密者相处，双方距离可小于0.5米。与其他人打交道，双方距离在0.5～1.5米之间。对别人表达尊敬，可保持1.5～3米距离。在公共场所与陌生人共处，若非环境十分拥挤，双方距离应不小于3米。若无任何原因而与陌生人相距过近，则难免令对方感觉不快。

二、关心他人

在社会生活中，人与人之间理当相互关心、互助友爱。大学生在公共场所应在力所能及的范围内积极主动地关心他人。

首先，大学生要真心实意的关心他人。所谓关心他人，就是要对对方加以重视和爱护，并且把对方的事情放在心上。对于需要关心的人而言，来自别人的关心犹如雪中送炭。对别人的关心既要出自真心、发自诚意，又要体现在实际行动中。

其次，对于别人的关心必须注意适度。在关心别人时，注意过犹不及，不要因为自己对别人的关心而有碍于对方的私生活，或者直接干涉对方的个人自由。必须谨记：关心虽为善举，但也应该适可而止。倘若对别人过分关心，有时对方非但不领情，往往还会因此而不快。

从讲究社会公德方面来讲，在社会生活中，大学生要关心别人，需要将重点放在下面四个具体内容中。

1. 照顾老人

老人既是长辈，又是需要关心的弱者。

① 敬重老人。对于老年人要恭敬，否则是没有教养的表现。敬重老人，实际上就是在敬重将来的自己，所以古人才会提出"老吾老，以及人之老。"的做人的基本要求。

② 礼待老人。与老人相处，务必时时处处待之以礼。在任何情况下，都要在心中和实际行动上将老人置于"上位"，而让自己居"下位"，以礼待之。

③ 关照老人。由于生理原因，老人往往需要人们给予更多的照顾。必要时大学生应挺身而出，主动而耐心地照顾老人。

2. 尊重妇女

妇女是人类的母亲。没有妇女，就没有整个人类的延续，人类社会也将不复存在。从某种意义上讲，尊重妇女，就是尊重自己的母亲，就是在尊重人类自己。

① 体谅妇女。由于在社会生活中负担重，妇女往往会面临种种困难。一定要对妇女真心体谅，不要为难妇女，不要苛求妇女，不要对妇女求全责备。

② 平等相待。在思想上、行动上要讲究男女平等。在任何情况下，都不搞大男子主义、男尊女卑，不允许歧视妇女。

③ 积极保护。保护妇女，是每位公民的义务，保护妇女不仅应当体现为维护妇女的正当权益，而且还应当体现为使妇女不受任何形式的伤害。

3. 保护儿童

儿童是人类的明天和希望。保护儿童，从广义上来讲，就是保护人类的未来。

① 以身作则。儿童的可塑性与模仿性极强，在社会生活中，朝气蓬勃的大学生通常都是令其心悦诚服的学习榜样。因此，大学生们在儿童面前必须注意检点自己的言谈举止，努力为儿童树立正面的榜样。如果大学生的言谈举止过于随便，则会对儿童造成误导。

② 细心爱护。作为未成年人，儿童缺乏自主意识，而且在现实生活中往往也难以保护自

己，因此需要包括大学生在内的全体成年人给予其全心全意的爱护。

4.帮助病残

在日常生活中，病人、残障人士都是最需要别人帮助与照顾的弱者。

① 尊重人格。病人、残障人士在人格上与其他人是完全平等的。因此，即使在对其进行帮助时，也应当尊重对方人格，切勿居高临下、出言不逊，或在口头上、行动上对其造成侮辱或伤害。例如，对其敬而远之、指指点点，或者对其进行讽刺侮辱意味的称呼，都是极为错误的。

② 鼎力相助。在现实生活中，对于病人、残障人士、尤其是那些急需别人帮助的病人、残障人士，一定要及时热情的援之以手，在帮助对方时要尽心尽力，不求任何回报。

③ 体贴入微。在帮助病人、残障人士时，一定要表现的耐心细致、体贴入微、热情周到、不厌其烦。最为重要的是，不要在帮助对方时搞形式主义，仅仅走走过场，而是要真心实意的替对方办一些实事，为对方排忧解难。所以，要在帮助对方时了解对方的所思所想，想其所想，急其所急，使自己的行动真正的有助于对方。

第二节　家庭关系与友邻

一、家庭关系

人生在世，难以离开家庭。所谓家庭，通常指以婚姻、血缘关系为基础的社会单位。一般而言，每个家庭都由父母、子女与其他共同生活的亲属所组成。家庭是社会的基本细胞，家庭关系是人人均须面对的最基本的人际关系。

在校期间，学生尽管未必与家人继续生活在一起，但其与家庭的联系却从来不曾间断过。个人与家庭以及其他家庭成员之间的关系，是交往关系中较为特殊的一种。家人之间，不仅相依为命，而且亲近异常，被家庭这一天然纽带所联系的家庭成员之间，显然不可以不讲亲情。

学生在处理自己的家庭关系时，关键是要摆正自己在家庭中的位置，并恪守自己的本分。具体而言，主要是应当做到孝敬长辈、厚待同辈。

1.孝敬长辈

在所有的家庭关系里，长辈与晚辈之间的关系始终都是一种最重要的人际关系。

常言道："百善孝为先"。任何一名有道德、有良知的学生，在处理自己与长辈尤其是与父母之间的关系时，都必须将孝敬长辈作为立身之本。

（1）敬重长辈

在阐述孝的具体内容时，曾子曾经说过："大者尊亲，其次不辱"。这表明，晚辈在处理自己与包括父母在内的长辈之间的具体关系时，必须以尊敬为先。晚辈对于家庭中长辈的尊敬，必须做到言行一致、表里如一。

① 毕恭毕敬。对自家的长辈尤其是父母，必须以礼相待、遵守规矩，处处尊重有加，在任何情况下，都不能使自己的一言一行失敬于对方。不要因为自己的身份有变，就变得忘乎所以，指望就此可以与长辈平起平坐，而不再顾忌彼此之间长幼有序。不允许没大没小、随

意与长辈打打闹闹，甚至毫无边际的乱开玩笑。至于成心取笑长辈、有意令其难堪，则更不可取。特别应当注意的是，不论当面还是背后，在提及包括父母在内的自家长辈时，都要采用尊称。不论对方是否介意，都不可以直呼其名。任意使用诸如"老头儿"、"老太太"之类的谑称去直呼长辈，则更为失礼。

② 虚心学习。长辈所拥有的丰富的人生阅历，是一笔难以估量的宝贵财富。作为晚辈，一定要善于利用一切机会，虚心向长辈讨教，以便开阔视野、增长才干。遇上了难题，或遇到了麻烦，要及时而主动地向自家长辈反映，并耐心向对方请求指教。

③ 听从管教。管教自家晚辈，对长辈而言，既是天职，又是一种特殊的关爱。对于自家长辈的批评与指点，晚辈必须洗耳恭听，并且虚心地接受。不论从哪个方面来看，长辈对晚辈的管教，都是出自善意和真心的爱护的。因此，即便长辈的管教稍有偏差，也不应该全盘否定。当长辈尤其是父母管教自己时，一定要牢记三点：一是虚心服从，二是表示感激，三是知错即改。不允许当场顶撞长辈，不可以无理狡辩，不能够阳奉阴违或是置之不理，不能表现出不耐烦，或是失敬于长辈的无理行为。不要过分地夸大"代沟"，更不要片面地认定长辈无一例外的"守旧"、"落伍"、"糊涂"。

④ 不分彼此。对于自家的所有长辈，都要给予应有的尊敬，而不允许厚此薄彼。尊敬长辈，首先是尊重祖父母，当祖父母与自己生活在一起时，不应当嫌弃他们，应主动接近他们，像对待自己的父母一样对待他们。不但尊重自家长辈，还应该尊重他人的长辈。不论对方与自己的具体关系如何，只要对方是长辈就必须认真的执晚辈之礼，不失恭敬。

（2）孝顺长辈

孝顺长辈，历来是中华民族的一种传统美德。晚辈对于长辈的孝顺，既是一种义务，也是一种情感。

① 奉养长辈。对于父母的"生身之恩"，晚辈理应"涌泉相报"。在诠释"孝"的本意时，古人曾说："其下能养"。由此可见，奉养长辈尤其是自己的父母，是对晚辈的基本要求，同时也是其义不容辞的天职。

作为大学生，在奉养自家的长辈方面，主要应当做好下述三点。

一是帮助长辈。作为晚辈，一定要在必要时主动帮助自家的长辈，使其丰衣足食，在物质生活上没有后顾之忧。帮助长辈，应该有钱出钱、有力出力。对于无依无靠的长辈，尤其是自己的生身父母，一定要主动担负起赡养对方的职责。

二是照料长辈。对于自家的长辈，特别是那些上了年纪的、体弱多病的、孤身一人的长辈，在日常生活的方方面面要尽力加以照料，并多加关心。

三是自立自强。长大成人之后，要尽快地学会自力更生。在今后走上社会时，还要坚持自食其力。要学会主动减轻长辈尤其是父母的负担，不要事事让长辈操心，不宜处处让长辈出力。无限度地寄身于长辈的操劳之下，难免会使自己永远"发育不良"。

② 体贴长辈。长辈，尤其是年事已高的长辈，随着其年龄的不断增长，体力与脑力往往会有不同程度的衰退。身为晚辈一定要更多地从精神方面对其加以关注与体贴。主要应当从以下三个方面入手。

一是加强联系。人到老年，最害怕的就是孤独寂寞、离群索居。要与之保持密切的联系，并要经常抽出一些时间去探望长辈尤其是父母，不方便的话，也要多跟他们通电话、多给他们写信，或者委托他人代劳。

二是汇报思想。在长辈的眼里，自家的晚辈不论年纪多大，永远都是孩子，都需要自己为之操心。有可能的话，晚辈不仅要"常回家看看"，而且还要多跟长辈谈谈。向长辈汇报一下自己的成绩，与长辈交流一下思想；甚至主动找长辈聊上一会儿天，都会令长辈喜笑颜开，因为这对他们而言无异于一次丰盛的"精神会餐"，而且还会使长辈感到自己"老有所为"。

三是报效祖国。晚辈在社会上努力工作，在事业上奋发图强，努力做出替父母争光、使长辈荣耀的成就，实际上也是在尽孝，并且是对长辈养育之恩的最好回报。

2. 厚待同辈

在家庭成员中，通常会有自己的同辈之人，同辈，亦称平辈，通常泛指一切辈分相同之人。就家庭成员而言，同辈则主要是指与自己存在血缘关系的兄弟姐妹，以及他们的配偶等。不论双方关系如何，双方的具体地位有无差距，双方是否互有所求，都一定要与自己的同辈"情同手足"，并时时处处厚待对方。

在具体处理家庭关系时，厚待同辈不仅要求真心实意，而且也需要讲究方式。一般而言，大学生在协调、处理自己与自家同辈的相互关系时，最为重要的问题要加强团结、互相帮助、彼此督促。

与自家同辈相处，必须事事宽大为怀。有道是："亲不亲，一家人。"既然如此，对待自己的兄弟姐妹们就绝对不应该事事计较、处处算账，更不可以时时与对方你争我夺、势不两立。而且还应当彼此谦让，以实现真正牢固的家庭团结。

人们时常以"手足之情"来形容兄弟姐妹之间无与伦比的亲密关系，既然如此，在现实生活里，每一个人都应当心甘情愿地与自家的每个同辈之人互相帮助、彼此照料。

二、朋友相处

在人们的各种社会关系里，朋友关系是自主性较大、亲密性较强的一种。朋友，亦称友人，一般是指人与人彼此之间通过互相交往而产生深厚的情谊、志同而道合并将经常保持联络的一种关系。就人的本性而言，每一个人都需要朋友。在社会生活里，假如一个人没有任何朋友，那么其人际关系至少是不正常和不完整的。

平时，一个人所结交的朋友各种各样。与朋友进行日常交往时，既要维护友谊，也要不失礼貌。之所以这样要求，不仅是为了尊敬朋友，也是为了尊重自己。

1. 择友条件

朋友之间会互相影响，因此交友理应有所选择，择善从之。所谓"近朱者赤，近墨者黑"，滥交朋友绝非上策。一般来说，大学生在其择友之时应优先考虑以下五条标准。

① 志同道合。孔子曾经说："道不同，不相为谋。"由此可见，选择朋友时，通常要把双方所拥有共同的志趣、共同的爱好、共同的见解列为首要条件。"唯有同心人，可与论金铁。"若是有人之间"英雄所见不同"，动辄"话不投机半句多"，便难有牢不可破的友谊可言。

② 品德高尚。孔子主张"见贤思齐"。而按照孟子的观点"友也者，友其德也"。也就是说，选择品德高尚的人做朋友的最大益处，是可以以对方作为自己为人处世的榜样，通过耳濡目染、取长补短获得长进，进而提高自己的道德水准。

③ 知心敢言。汉朝哲学家扬雄说过："朋而不心，面朋也。"交友之道，贵在知心。真正的朋友，应当有话明说、有话实说、知无不言、言无不尽。倘若与朋友心腹相隔，双方交谈时对对方察言观色、投其所好，或报喜不报忧，这就算不上真正的朋友。

④ 忠实可靠。朋友相交，重在真诚，难在忠贞。结交一位朋友，不应当只看对方在自己身处顺境时的表现和在自己面前的所作所为；更重要的是观察对方在自己身处逆境时的表现和不在自己面前时的所作所为。患难与共、坚定不移、忠实可靠。

⑤ 补己所短。俗话说："人往高处走，水往低处流。"具体提及择友之道时，孔子则主张"友多闻"。结交朋友时，大都将双方之间存在的某种程度上互补性列为一项重要的条件。结交确有所长者、见多识广者，实际上等于是替自己找到真正的良师益友，对于自己日后的进步必将大为有益。

2.坦诚相交

与他人一旦结交为友，即应与之坦诚相待、热情交往。要成为一名名副其实的朋友，就要在双方相互交往的具体过程中妥善地处理以下五个问题。

① 互尊互助。俄罗斯伟大的思想家别林斯基曾经指出："真正的朋友，不是把友谊挂在口头上。他们不是相互要求一点什么，而是彼此要为对方做一点什么。"对待朋友，一方面必须予以尊重，另一方面则又要给予对方力所能及、不图任何回报的无私帮助。互尊与互助，都是朋友关系的应有之义。对于朋友的尊重，一定要具体体现在与之相交往的整个过程中。而对于朋友的帮助，则讲究主动热情，并且要求在对方的工作、生活、学业等各个方面尽力而为。

② 交流信息。《礼记》有云："独学而无友，则孤陋而寡闻。"由此可知交流信息之余交友的重要性。朋友之间的信息交流，重点在于互通有无和于人有益。就交流信息的具体内容来说，不应当是家长里短、绯闻八卦、小道消息等垃圾信息，而应当是有助于朋友陶冶性情、开阔视野、生活幸福、事业发达的知识性、学术性、时效性信息。

③ 互相砥砺。真正的朋友之间，除了相互关爱之外，还有必要相互批评、相互砥砺。做到后一点，往往比做到前一点要困难得多，但却更为重要。这是因为，就每一个人的个人成长而言，都是离不开批评与鼓励的。朋友之间，只有直言不讳，相互规劝，"如切如磋，如琢如磨"，才能够共同得以提高。因此，交友之道的主旨，就是要做朋友的诤友。不过应当注意，对朋友批评，砥砺，并非越俎代庖，过多的干涉对方的个人自由，其具体方式亦应注意。

④ 患难与共。"路遥知马力，日久见人心"结交朋友的目的，不应当只是与对方共富贵，同欢乐而是应当与对方同风雨，共患难。对于人类而言，"拯救朋友是最高的荣誉"。朋友之间只有患难与共，才谈得上双方存在着真正的友谊。一个人在遭受困难，挫折时，通常最需要友人的慰藉；而要战胜困难，挫折，则更需要朋友的支持。巴尔扎克说过："一个人的倒霉至少有这么一点好处，就是可以认清楚谁是自己真正的朋友。"要做真正的朋友，就应当义无反顾的在友人遇到困难挫折时，挺身而出，理解对方，支持对方，并始终与对方坚定地站在一起。

⑤ 与友同乐。好朋友之间，不但提倡"有难同当"，而且还应提倡"有福同享"。自己因为友人的支持，帮助而取得的成功，以及由此带来的欢乐，理所应当的要与友人一道分享。

结交朋友尽管讲究彼此之间患难与共，但这并不意味着非要让朋友去自找苦吃，非要让朋友去替自己承担苦难，或者非要设置困境考验朋友。如果真是替朋友设想，就应当对对方不报忧，少诉苦，少添麻烦。要把欢乐带给对方，并把痛苦留给自己。总之，要少干扰对方，少给对方增添负担，此乃朋友相交时双方均应具有的一种自觉性。

3. 保持联络

朋友相交，难在坚持。交一天的朋友容易，交一生的朋友则具有一定的难度，要想使朋友之间的关系持之以恒，非常重要的一点，就是设法维持必要的联络。总之，与别人交朋友，并且要做好朋友，双方之间就应当有来有往，常来常往。

一般而言，下述四项具体措施对于维持朋友之间的相互联络都会有所帮助。

① 经常走访。朋友之间的相互走访，主要是为了经常保持接触，而并不一定非要拥有某种明确的目的性。不可否认的是，经常不见面的朋友，难免会产生疏远之感。而朋友们时常见一见面，聊一聊天，往往会使彼此之间的关系更加深化。

② 定期聚会。除了双向交往之外朋友之间的日常交往通常还可以以多边交往形式存在。朋友之间的多边交往，在此指的是三名或三名以上的朋友同时进行交往。其主要的长处，是可以扩大交际面，广泛结交各界朋友。借节假日之便，邀约多名朋友一道举行聚会。诸如举办沙龙，一同郊游，相约打球等，都是多边交往的极好做法。在必要时，还可使之定期化。

③ 利用媒介。如果与友人不在一地，或者在较长时间之内无暇谋面的话，切不可音信杳无，令对方惦念，需主动联络对方。一种行之有效的方法，就是根据自己的不同需要，利用各种信息传播媒介。例如，写信、通电话、发短信或微信、网上聊天、发电子邮件等，维持自己与友人之间的联络。

④ 托人致意。有些时候，还可以酌情采取委托他人代为传递信息的方式。例如，转达问候、代传口信、转赠礼品等，与自己久未会面的朋友主动保持联系。委托他人致意这一联络友人的具体方式，即可与上述几种方式并用，亦可在必要时单独使用。

三、同乡相处

同乡关系，是中国人普遍重视的一种人际关系。在中国，人们自古以来就把"他乡遇故知"视作一大喜事并且早就有着"亲不亲，故乡人"，"有事求老乡"等多种说法。

同乡，亦称"老乡"，"相亲"，通常是对籍贯相同者的一种泛称。从本质上说，是以地缘关系为纽带而形成的一种比较特殊的人际关系。一般而言，同乡之间相逢未必相识，相识亦未必深交。然而，在人际交往之中，一旦交往双方具有同乡关系，往往便会使彼此之间的心理距离大为缩短。

在当代大学生的人际交往中，同乡交往是一个重要的组成部分。大学生在处理自己与同乡之间的相互关系时，既要重视发展乡谊，又要保持正常交往。

1. 发展乡谊

民间有言："老乡见老乡，两眼泪汪汪。"由于中国的地域极其辽阔，因此，生长在不同地区的人们，在其生活习惯，日常风俗，礼仪讲究等方面，往往多有不同。相对而言，同乡之人在进行交往时，由于大家出生地相同，文化背景相近，生活习俗相仿，口音大体相似，往往会令彼此之间，天然存在一种无形的亲切感与认同感。所以，双方非常容易建立联系，并保持和发展相互之间的这种特殊关系。

2. 正常交往

如同处理其他方面的人际关系一样，要想妥善地处理自己与同乡之间的相互关系，最为有效的方法就是要使之正常化，而不是使之特殊化。

① 保持接触。但凡具备条件，同乡之间就要争取多联络、多接触。只有在这一基础上，

双方之间才有可能保持正常的关系、发展正常的关系。只有彼此之间的接触增多了，同乡之间才有机会加深互相了解，并增进同乡之谊。与同乡进行接触、保持接触，最为忌讳的通常是"现拜佛，现烧香"，"用人时靠前，不用人时退后"。至于"过河拆桥"的愚蠢做法，则更是同乡相交之大忌。采用那种功利主义的态度与同乡打交道，或许可以得逞于一时，但久而久之必将人所共知，从而失信于人。

② 相互关照。同乡交往，与朋友交往一样，都需要双方互相关照。在于同乡进行具体交往的过程中，既要重视同乡之谊，更要讲究相互理解、相互信任、相互关心、相互帮助。对于主动关心、帮助同乡的一方而言，一定要对同乡诚实无欺，不可以趁机"杀熟"，更不可以愚弄对方。对于有求于同乡的一方而言，则要讲究自觉，不要要求过高，使对方勉为其难。

四、邻里相处

在日常生活中，每一个人都必须择地而居，因而必然会与自己的居住地及其周围的居民形成一定的相互关系。邻里，亦称邻居，就是对上述关系的一种具体表述。严格地说，所谓邻里，是指住处相互接近，或处于同一区域之内的其他人家。

处理邻里关系时，要注意彼此了解、彼此体谅、彼此关心三个方面的具体问题。它们通常被称为处理邻里关系的基本点，亦称"邻里相处三原则"。

1. 彼此了解

民谚有云："远亲不如近邻，近邻不如对门。"可见，由于邻里之间接触密切、往来频繁，处理好彼此之间的关系及其必要。如果拒绝与邻里发生任何联系，则是既轻率又失当的。

要同邻里建立起真正的良好关系，第一要旨是互相之间必须有所了解。互相了解，从来都是处理好邻里关系的基础。因为只有互相知根知底，邻里之间才会相互信任、相互交融。具体而言，在增进邻里之间的彼此了解时，有以下三点注意事项。

① 主动接近。与邻里相处，一定要主动地、友善地接近邻里与对方建立正常关系。接近邻里的方式应当因人而异，相遇时主动向对方打招呼，当对方忙于家务时援之以手，闲聊之时叙叙家常，邀请对方上门做客等，均为可取之法。

② 掌握情况。跟邻里打交道，首先有必要对对方的基本情况作基本了解。只有熟悉了对方的大致情况，才能够更好地与之和睦相处。掌握邻里的基本情况时，需要注意具体方式，讲究双方自愿，并提倡有来有往、双向交流。想要了解对方，就应当同时使对方了解自己。但是，对邻里的个人隐私以及对方不愿涉及之事，则不宜"打破砂锅问到底"。

③ 守口如瓶。关系密切的邻里，往往会彼此互诉自己的难言之隐与自家私事。对邻里的信任，必须自觉地守口如瓶。任何一位有教养的人，绝对不可以辜负邻里对自己的信任，将对方的个人隐私或家庭私事视作笑料，任意广为扩散。若在邻里之间飞短流长、搬弄是非，甚至添油加醋，则更是自己将自己打入"恶邻"的行列。

2. 彼此体谅

与邻里搞好关系，必须注意彼此之间的体谅，在邻里之间讲究彼此体谅，一是要相互尊重，二是要宽以待人，三是要自觉自律。与此同时，还必须讲究起码的社会公德。

具体而言，与邻里之间彼此体谅，需要重点注意下述三个方面的细节问题。

① 保持卫生。在日常生活里，因为人与人之间存在着互相依存的关系，所以每一个人心里都要常为别人着想，并在处理个人事宜时兼顾他人的利益。与邻里相处，亦应如此，尤其

是要对与人人相关、户户相关的环境卫生问题给予高度重视。平时，不要在自家的居室门外及其四周乱扔、乱倒废弃物，不要因此损害街坊四邻的利益。

② 保持安静。人们的居所，自然主要被用以居住、休息。对这一点，与邻里相处时亦须加以明确。就一般人的居住和休息而言，外来的各种噪声当属最大的干扰，甚至被人们深恶痛绝。因此，平时每一个人在回到自己的居所以后，都要自觉地保持安静，并适时、适量地安排在自家居所之内所从事的家务、维修以及娱乐活动，切勿制造噪声扰邻。在常规的节日、假日等例行的休息时间里，特别需要尽量降低自己活动所发出的声响。

③ 切忌贪婪。在邻里之间，相互帮助是极为必要的。邻里之间的相互帮助，自然不能把财物完全排斥在外。必要时，向邻里提供包括财物在内的援助或与其进行财物往来，均为正常之事。但是，平时在与邻里进行正常往来时，切不可见钱眼开、斤斤计较、极端势利。与邻里打交道千万不要贪图小便宜，平时向邻里所借用的钱、财、物，一定要有借有还、好借好还。为邻里提供帮助时，切勿与其讨价还价。为人贪婪，乃邻里相处之大忌。

3. 彼此关心

邻里之间，通常都需要彼此关心、相互爱护。只有真正做到了这一点，才有可能使邻里关系更进一步，使得彼此之间联系更加紧密。具体而言，邻里之间的彼此关心，应当重点表现在下列两个方面。

① 互相照顾。邻里之间，唇齿相依。邻里之间的互相照顾，对邻里而言本是责无旁贷的。自古以来，中国人在处理邻里关系时，就讲究"一方有难，八方支援"，提倡彼此之间主动照顾对方。正因为如此，古人才有"百万买宅，千万买邻"、"择邻而居"等说法。

邻里之间的互相照顾，讲究的是积极主动。它不应当仅仅是口头上客气一下而已。更重要的是言行一致，善于从日常生活中的点滴小事做起。诸如代为看门，看护老人、孩子、病人，协助料理家务，送医送药等，看起来虽然微不足道，但却是邻里之间互相照顾的具体体现。

② 热情相助。在生活中，每一个人都难免会遇上一些单凭一己之力难以应付的难题。在此情况下，他人的鼎力相助无疑是"雪中送炭"、情暖人心。

因此，当邻里遇到困难，特别是当对方求助于己时，都理当出手相帮，援助对方，不可患得患失。总而言之，他人有求于自己时，要热情相助，并且尽力而为。与此同时，当自己在生活中遇到一般性的难题时，则还是应当以自力更生为主、争取外援为辅，不要动不动就开口求助于人，不要处处依靠邻里的帮助、事事麻烦邻里代劳。求人之事总体上还是应当以少为佳。同时，做人应当善解人意，要细心体谅邻里的难处，不要指望邻里对自己有求必应，更不要迫使对方勉为其难。不要忘记，邻里之间的互相帮助，一定要两厢情愿。

第三节　交通礼仪

在日常生活中，大学生不论进行何种活动，往往都与交通相关。无论是个人徒步行走，还是乘坐公共交通工具，大学生均须自觉遵守相关礼仪规范。不遵守交通礼仪，既会破坏交通秩序，又会给人表里不一、缺乏自律之感。交通礼仪，是对于交通相关的各种具体礼仪规范的一种泛称。对大学生而言，应认真掌握并遵守的基本交通礼仪，主要集中在徒步行走、驾驶汽车、乘坐汽车、乘坐火车、乘坐轮船以及乘坐飞机六个具体方面。

一、徒步行走

徒步行走，又称步行或者走路。对于每一位正常人来说，徒步行走无一例外都是其平日进行活动的基本方式。大学生在徒步行走时，尤其是在公共场所或室外正规的道路上徒步行走时，必须严格遵守下述四个方面的相关礼仪规范。

1.遵守交规

在室外的道路上行走时，尤其是在交通干道上行走时，大学生首先必须严格遵守交规。交规是对交通规则的简称，所谓交通规则，是由国家为了确保交通的顺畅与安全，专门制定出来以供全体社会成员共同遵守的有关交通的章程制度。遵守交规，在现实生活中是每一位公民义不容辞的责任，大学生自然也不能例外。

大学生在遵守交通规则时，尤其需要认真注意下列五个方面。

① 走人行道。在室外行走时，一定要选择走人行道。若是没有明显的人行道，则要尽量靠路边行走。千万不要在机动车道上行走，更不要在交通干道的正中央行走，或者有意与车辆抢夺道路。

② 靠右行走。为了确保交通的顺畅，我国规定：不论行人还是车辆，在道路上一律靠右侧行进。在室外行走时，特别是在正规的道路上行走时，大学生一定要遵循此点。

③ 通过街道。需要横穿道路时，要走指定的过街人行横道或专用的过街天桥、地下通道等，千万不要随随便便地横穿马路，或者任意跨越专用的隔离护栏。

④ 看红绿灯。按照交规，行人或车辆通过路口时，均应遵从红绿灯的指示。常规的做法是红灯停，绿灯行。对于这一点，既要了解，更要遵守。不要对红绿灯视若不见，或贸然抢行。不论是否有人监督，均应遵守规定。

⑤ 服从管理。在路上行走时，大学生切莫自高自大、我行我素。对于交警与其他交通管理人员善意的批评、教育应当表现得心悦诚服。对对方的正常管理，不仅要自觉服从，还应当积极地予以配合。

2.明确方位

徒步行走时，在方位方面有一定的讲究。在正式场合里，大学生一定要重视这一点，并要在平时努力养成良好的习惯，行走时的具体方位问题，往往与其他人一道同行时才会有所涉及。对大学生来讲，通常需要注意以下五点。

① 单行行走。当多人一同单行行走时，通常以前排为上，因此，当大学生与领导、长辈、贵宾一起单行行走时，应当自觉地随行于其后。当对方初来乍到、不认路时，方可为其引导带路。

② 并排行走。假若许多人一同并排行走，其方位的讲究，应视具体人数的不同而有所不同。当两人并排行走时，一般以内侧为上，即靠道路内侧、靠墙的位置最为尊贵。而当三人或三人以上并排行走时，则往往以中间的位置为上。

③ 出入房门。当大学生与其他人一同出入房门，特别是当自己以学生、晚辈、主人的身份陪同他人一起出入房门时，通常应遵循"后入后出"的规则，即自己应当在他人之后进入房门，并在他人之后走出房门。

④ 上下楼梯。在一般情况下，上下楼梯，包括使用自动扶梯时，大学生一定要牢记目前国内通行的"单行右行"的规则，即不要在楼梯上并行，不要不分左右地横行占道或者居中

而行，以免阻挡他人。礼貌的做法是，要单行行进，并居右而行。此外，与领导、客人、长辈、女士、儿童一道走下楼梯时，为安全起见，还应须主动行走在前。

⑤ 进出电梯。使用升降式电梯时，必须切记"先出后入"的原则。即电梯内的乘客出来之后，电梯外的人方可进入。陪同他人一同乘坐升降式电梯时，若无人控制，则陪同者通常应当先进后出，以便操控电梯；若有人控制，则陪同者应当后进后出。

3. 礼让他人

大学生在徒步行走时，尤其是在大街小巷、公共场所行走时，难免会路遇他人。与他人一道行走时，一定要不分亲疏地一律以礼相待，并彼此谦让。

① 不争抢道路。多人一同行走时，一般都讲究先来后到、依次而行。若有急事则可轻声对身前之人道一声"对不起，请让一下。"，然后侧身通过，并向对方道谢。切勿争先恐后、横冲直撞，毫不在乎其他人。

② 不阻塞交通。在道路狭窄之处，应当快速通过，不要逗留。在此席地而坐、徘徊不前、与人交谈，显然都不适宜。还须注意，不要在通过道路狭窄之处时与同行者并行，尤其不要与其勾肩搭背、搂抱而行。

③ 不目无弱者。徒步行走时，对于老、幼、病、残、孕者，大学生不但应当予以礼让，还应当在必要时主动对其加以照顾，对于问路的外地人、外国人更应尽量地提供帮助。

④ 不蛮横无理。在道路上或者公共场所内行进时，大学生一定要礼待他人，并保持风度，通过狭窄之处或门庭时可请他人首先通过，需要让路时应当立即采取行动。在不小心碰撞、踩踏别人之后，则应立即向对方致歉，得到他人的礼让、帮助后，应当道谢。切不可自高自大、目中无人，待人蛮不讲理。

4. 严于律己

即便一个人外出行走，大学生亦应对自己严格要求，在种种细微之处多多留意。除了要严格遵守上述各项规定之外，还必须注意以下四点。

① 忌手舞足蹈。在人多之处手舞足蹈，不但显得自己缺乏教养，而且往往还有可能因此而冒犯他人，进而酿成事端。

② 忌吃吃喝喝。在行走之际大吃大喝，不仅吃相不雅，而且极其不卫生，甚至会有损于个人健康。在人多之处进食，有时还会妨碍别人。

③ 忌过度亲昵。同异性外出时，大学生要对个人举止多加检点，不要在大庭广众之前表现得过分亲热，显得轻浮浅薄，令人不堪入目。

④ 忌围观尾随。外出行走时，为了自觉维护公共秩序，大学生切莫少见多怪地在街头巷尾围观、起哄。不要对陌生人过分好奇，不要极其失礼地对对方指指点点、说长道短，或者长时间地尾随其后。

二、驾驶汽车

在当代生活里，越来越多的人钟情于汽车驾驶。对大学生而言，驾驶汽车外出早已不是谋生手段，而是提高生活质量与生活效率的一大乐趣。

驾驶汽车时，每一名大学生都必须牢记：出行有礼、礼让三先，时时刻刻不允许忘乎所以、目中无人。应在技术合格、服从管理、安全驾驶、礼让他人四个方面，努力表现得好上加好。

1. 技术合格

在世界各国，驾驶者驾车上路均应提前取得正式的资格，并进行系统的知识学习、技术培训与正规考试，技术不合格者，绝对不准许其驾驶汽车外出。具体而言，每一名汽车驾驶者均应一丝不苟地对待下述三点。

① 掌握驾驶技术。掌握驾驶技术，是每一名汽车驾驶者畅行无阻的前提条件。只有在驾驶车辆的过程中找到"人车一体"的感觉，并且能够逐渐对车辆的速度、位置，车辆所在的空间及其周边的各种动态、静态物体的间距了然于心，才算是自己所驾驶的车辆的真正主人。

② 精心维护车辆。任何一名具有责任心的汽车驾驶者，都必须爱车如己，精心地对自己所驾驶的汽车进行定期或不定期的保养、检查与维护。经验证明：每一部汽车自身状况的好坏、涉及行车安全的相关部件是否齐全与有效，往往是发生交通事故与否的关键因素。

③ 取得正式资格。根据《中华人民共和国道路交通安全法》的规定：我国的每一名机动车驾驶者，均须经过车辆管理机关考试，合格领取驾驶证后，方可驾驶车辆。申请机动车驾驶证时，申请者在其身体条件、技术掌握、交规学习、手续合法等方面，必须符合规定。此外，我国还规定：对机动车驾驶者进行定期审验。

2. 服从管理

驾驶汽车外出时，如欲高兴而出、满意而归，就必须认真遵守有关规定，虚心接受管理。

① 遵守规定

《中华人民共和国道路交通安全法》规定：我国的每一名机动车驾驶者都必须自觉地遵守如下基本点。

第一，驾驶人应按照驾驶证载明的准驾车型驾驶机动车；驾驶机动车时，应随身携带机动车驾驶证。

第二，驾驶人驾驶机动车上路行驶前，应对机动车的安全技术性能进行认真检查；不得驾驶安全设施不全，或机件不符合技术标准等具有安全隐患的机动车。

第三，饮酒后；服用国家管制的精神药品或者麻醉药品后；或者患有妨碍安全驾驶机动车的疾病；或者过度疲劳影响安全驾驶者，不得驾驶机动车。

第四，机动车驾驶人应遵守道路安全法律、法规的规定，并按照操作规范安全驾驶、文明驾驶。

第五，应定期接受公安机关交通管理部门对机动车驾驶证的审验。

② 接受管理

在驾车行驶时，每一名驾驶者为了自己与他人的安全，为了交通的畅行无阻，都应以小我服从大我，自觉地接受管理。

第一，严格地遵守交通法规。在任何时候、任何情况下，每一名汽车驾驶者均应严格地遵守各种交通法规。此乃保证自己安全驾驶的第一准则。

第二，自觉地服从交警管理。对于交通民警的指挥、检查、处罚与管理，必须无条件地服从。

第三，及时地了解临时状况。要及时地掌握交通管理部门就有关重大活动场所、路线所发布的有关道路交通管理通告，以便确定、调整自己的行车时间与路线。

第四，认真地进行车辆检验。依照国家的有关法规与标准，公安交通管理部门负责对机动车进行初次登记检验、核（补）发牌证、变更、转籍、过户、报废、停驶、定期检验。对驾驶机动车的交通违规违法行为，有关部门要进行教育、处罚。此外，每一部机动车还须定期缴纳养路费、保险费。以上环节，都不可忽略。

3. 安全驾驶

俗话说："行车走马三分险"，"安全是金"。在驾驶汽车外出时，不论为了自己还是为了他人，都必须始终牢记安全第一。

有道是"观念决定思路"。每名机动车驾驶者均应认真地树立安全意识，力求有备无患。具体而言，树立所谓安全意识，就要做到"查一查""想一想""严一严""看一看""停一停""让一让"。

第一，"查一查"。开车上路前，一定要小心细致地再次对所要驾驶的汽车进行例行检查。

第二，"想一想"。为了自己、家人与其他人的安全与幸福，在驾驶车辆时，始终都要想到安全第一。

第三，"严一严"。在驾驶期间，律己务必从严。切记没有休息好不要开车，吃了某些容易令人嗜睡的药品不要开车，喝了酒不要开车，情绪欠佳不要开车，接听电话时尤其不要开车，未系安全带不要开车，夜间行驶时，不要随意用大灯照射。

第四，"看一看"。通过陌生路段时，一定要首先看清楚路况再行驶。

第五，"停一停"。遇到红灯时、拥堵时、道路管制时，当停则停。严格地讲，当黄灯亮起时，即应停车。

第六，"让一让"。车辆驾驶者不遵守交通法规的时候，千万不要与其争吵，要记住：能让就让，平安最重要。

第四节　拜访礼仪

拜访，通常又称拜见或拜会。在一般情况下，拜访是指前往他人的工作点、私人居所或者其他商定的地点会晤、探望对方，或与之进行其他方面的接触。不论在因公交往还是在因私交往中，拜访都是人们习以为常的一种交际方式。

作为交往方式之一，拜访实际上是一种典型的双向应酬活动。在拜访中，访问、做客的一方为客，称为来宾；做东、待客的一方为主，称为主人。任何一次正式拜访的顺利和成功，都难以离开宾主双方的密切配合与共同努力。对宾主双方而言，在拜访的整个进程中都必须恪守本分、善待对方，依照相应的礼仪规范认真行事。从总体上讲，充当客人拜访他人时，一定要讲究客随主便；充当主人款待他人时，则一定要讲究主随客便。

一、做客之规

做客，是拜访的基本组成部分，也是正常的人际交往中不可缺少的应酬。若不谙做客之道，则难免会使拜会不尽如人意。

所谓做客，通常是指上门拜会他人。在拜访中，做客的一方一般属于主动的一方，就做客礼仪面言，其核心之处在于：客随主便、尊敬主人。具体而言，应当在下列三个主要方面有所讲究。

1. 有约在先

在所有的做客礼仪之中，有约在先是其最基本、最重要的一条。它的基本含义是：拜访他人，尤其是进行正式拜访或初次拜访时，一般均应提前与拜访对象有所约定。换言之，拜访应当以两厢情感、双方方便为基本前提。不提倡随意进行顺访，尤其是对待一般关系的交往对象，不宜充当不邀而至、打乱对方计划的不速之客。

从某种意义上讲，做客时有约在先，既体现出客人的教养，更是对主人的尊重。因此，在进行拜访尤其是进行正式拜访或初次拜访时，有约在先绝对不可被忽略。

对大学生而言，在拜访时做好有约在先，主要应当对以下三个具体问题加以关注。

① 约定时间。在约定拜访时，一定要在两厢情愿的前提下，协商议定到访的具体时间与停留的具体时段。对主人提出的具体时间，应予以优先考虑。由客人自己提出方案时，则最好给对方多提供几种可供选择的具体方案。在一般情况下，主人本人认为不方便的时间、工作极为忙碌的时间、难得一遇的节假日、不宜打扰的凌晨与深夜，以及常规的用餐时间和午休时间等，都不宜作为进行正式拜访的时间。

② 约定人数。在预约拜访时，宾主双方均应事先向对方通报届时到场的具体人员、人数及其各自的身份，并征得对方的同意。在拜访中，宾主双方都要竭力避免使自己一方中出现对方不欢迎，甚至极为反感的人物。通常，双方参与拜访的人员一经约定，便不宜再随意变动。做客的一方特别需要注意，切勿任意变更、拼凑或者扩大自己的队伍，尤其是不要临时捎带一些毫不相干的人士前去赴约。在任何时候，来宾队伍过于庞大，都会令主人手忙脚乱，甚至干扰其事先所作的安排和计划。

③ 如约而至。拜访者一旦与拜访对象正式约定拜访的具体时间之后，必须认真遵守，不再轻易更改。万一有特殊原因需要推迟或取消拜访，应当尽快以适当的方式通知对方。不要若无其事地让对方空等。除此之外，当拜访者下次与对方见面时，最好再次表示歉意，并详细说明自己上次爽约的具体原因。拜访者在按照宾主双方的正式约定进行拜访时，应准时到达。在拜访时，既不要早到，让对方措手不及；也不要迟到，令对方望穿秋水。总之，准时登门才是拜访者最得体的做法。

2. 登门有礼

具体登门拜访他人时，每一位拜访者都必须时时处处遵守有关的礼仪规范，认真地以之进行自我的约束。无论宾主双方的私人关系如何，是因公拜访还是因私拜访，在登门拜访时都必须认真注意以下五点。

① 轻装上阵

登者拜访之前，一定要对本人的着装进行认真选择。越是正式的拜访，就越需要注意这一点。在正常情况下，拜访时的着装应当以干净、整洁、高雅、时尚为主要原则。应当注意的是，不够整洁、过分轻佻或随便的服装都是不宜选择的。

对衣着的某些重要细节，拜访者一定要提前检查再三。例如，衣服上的纽扣、拉锁一定要扣好或拉上，袜子一定要无洞、无味。

② 先行通报

登门拜访之前，需要先向拜访对象进行必要通报。较为重要的正式拜访，在其进行之前的头一天，和当天出发之前，拜访者应当与拜访对象再次进行联络，再做确认。这一做法，同时还暗含提醒拜访对象之意。

抵达拜访对象的办公室和私人居所门外后，倘若对方无人迎候，应首先采用合乎礼仪的方法，向对方通报自己的到来。通常，前去拜访的人可请其秘书和家人转告，也可以敲门或按门铃。

在敲门时，以食指轻叩两三下即可；按门铃的话，则让铃声响两三下即可。若室内没有反应，稍过片刻可再进行一次。千万不要用拳头擂门、用脚踢门、把门铃按个不休，或者在门外大呼小叫、骚扰四邻。

与主人关系再好，也绝对不要不打任何招呼推门而入；否则既有可能显得自己少调失教，又有可能遭遇让人尴尬的场面，令自己进退两难。

③ 问候施礼

登门拜访时，与拜访对象见面之初，应当主动向对方进行问候，并且与对方握手为礼。按照惯例，宾主双方握手时，应由主人首先伸出手来，客人对其予以回应。

倘若宾主双方初次谋面，拜访者则还需略作自我介绍。若拜访者的同行人员之中有与主人不相识者，则拜访者还有义务替双方进行相互介绍。在拜访中，如遇到主人的同事、家人，不论此前是否认识对方，均应主动向对方打招呼、问好，而不宜目中无人，爱答不理。

前往亲朋好友的私人居所做客时，如有必要，可为对方预备一些适当的小礼物，诸如鲜花、书籍等。在进门之初，一般即应向主人奉上自己准备的礼物，并加以适当的说明，不要等到告辞时再做此事。

④ 有除有放

进入他人室内时，按照礼仪规范，拜访者应将身上的一些物品或者随身携带的一些物品去除或放下。此种做法，被视为向主人的致敬的方式之一。大学生登门做客时，需要去除或放下的物品通常有下列几种。

一是帽子。俗话讲"脱帽为礼。"在上门拜访时，必须自觉地这么做，只有头上患有疮疾者方可有所例外。

二是手套。除女士所戴的用以装饰的薄纱手套之外，其他人所戴的一切种类的手套均应在进门之后摘下，以便于宾主双方握手。

三是墨镜。俗称"墨镜"的太阳镜，主要适应于室外佩戴，以人们保护眼睛之用，进门之后如果依旧佩戴，似有拒绝交流之嫌。

四是外套。大衣，风衣之类的外套，多用于遮风挡尘。在室内如继续穿着，则会弄脏座椅。

五是手袋，就座后，手袋应置于自己右下方的地板上，切勿将其放到桌、椅、床、柜之上。

⑤ 应邀就座

被主人邀请进入室内时，宾客应主动随行与主人身后，切勿抢先一步，贸然充当"开路先锋"。

若主人开门未主动邀请拜访者进入其室内，通常表明拜访者的到来不合时宜。此时此刻，知难而退才是拜访者的最佳选择。遇到此种情况时，拜访者切勿不邀而入，或像主人的室内进行窥视。

一般情况下，主人会邀请来客在其指定之处就座。在就座时需要注意以下三点：一是不要自行找座；二是与他人同至时应相互进行谦让；三是最好与其他人，尤其是与主人、主宾一同落座。有时落座于其后亦可，但通常不宜抢先就座。

3. 为客之道

在他人的办公室和私人居所做客时，总的来讲，应自觉地要求自己、管束自己。具体而言，则要注意围绕主题、限定范围、适时告退等三点。在这些方面如果出现大的失误，则会使整个拜访效果大受影响。

① 围绕主题

任何一次登门拜访，对拜访者都必然有其一定的目的性。既然如此，那么在拜访做客时，就应当使自己的所作所为紧密地围绕着自己的拜会主旨而行，绝对不允许"跑题"。

在一般情况下，宾主双方尤其是拜访者一方在拜访具体进行时，应尽快地直奔主题、接触实质性的问题，并力争达成共识，令彼此之间均有所获。不要临阵怯场、词不达意；不可随便变更主题，令双方无所适从，从而令拜访变得徒劳无益。

对正式拜访者事先议定的主题，更是要恪守不怠。否则，就会引起拜访对象的不满，并打乱双方原定的计划。

② 限定范围

要使拜访围绕主题而行，一项得力的措施是客人应自觉地限定个人的交际范围与活动范围。从某种程度上来说，在拜访时限定范围，也是宾客自身所应具有的基本教养。

一是限定拜访时的交际范围。不要对主人的亲属、友人表现出过多的兴趣，例如，询问对方与主人的私人关系就未必合适。

二是限定拜访时的活动范围。客人一定要自觉地尊重主人的个人隐私，限制自己在拜访时的具体活动范围。未经主人允许或邀请，通常不宜在主人的办公室或者私人居所之内到处乱走乱看。一般而言，主人家里的卧室、书房、贮藏室等处均属外人的"禁地"，在拜访时，随手乱动、乱拿、乱翻主人的个人物品，肯定是不允许的。

③ 适时告退

拜访之时，一定要适可而止，适时告退。如果客人与主人双方对会见的时间长度早已有约在先，则务必谨记在心，并认真遵守。假如双方无此约定，通常一次一般性的拜访应以一小时为限。初次拜访，则通常不宜长于半个小时。

若非事出有因，或宾主双方的关系异常密切，一般不宜在主人家里留宿，尤其不宜临时或主动地表达希望留宿之意。

在拜访之中遇到他人到访，应适当缩减自己的停留时间，不要妨碍主人，更不要反客为主地硬找到访者攀谈一番。

一旦提出告辞，任凭主人百般挽留，都要坚持离去。需要明白的是，主人的挽留有时是出自诚意，有时则可能处于礼貌的"例行公事"。无论如何，都不要一而再、再而三地拖延时间，赖着不走。

在出门以后，即应与主人握手作别。作别时，一般应由拜访者首先伸出手去与拜访对象相握，以示请对方就此留步，并对其给予自己的款待表示感谢。不要听任对方一送再送，或是长时间地在门外与主人恋恋不舍地大说特说毫无意义的废话。

二、待客之规

在拜访期间，待客是一个重要的组成部分。如果离开了拜访对象对拜访者的接待，拜会就会变得既不完整，也难以成立。

所谓待客，一般指的是拜访对象对登门拜访者所进行的接待。在拜会中，待客的一方通常属于被动的一方。待客时，拜访对象有必要遵守常规的待客之道。

待客之道的核心在于：主随客便、待客以礼。具体来说，这一待客的主导思想应具体地落实于以下三个方面。

1. 细心安排

与来访者约定拜访之后，主人即应着手从事必要的准备工作，以便客人到访时受到周到的款待，产生宾至如归之感。一般而言，主人预先需要准备安排的主要有以下四项工作。

① 搞好环境卫生

在客人到来之前，需要专门进行一次清洁卫生工作，以便创造出良好的待客环境，借以完善个人的整体形象，同时体现出对来客的重视。

进行清洁卫生工作的重点，应当是自己家里的门厅、走廊、客厅、餐厅、阳台、卫生间等来客必经之处。此外，门外、楼梯等公众共享空间的卫生，亦应加以注意，不要只顾"自扫门前雪"。

进行清洁卫生的基本标准是：空气清新、地面爽洁、墙壁无尘、窗明几净、用具干净、摆设整齐。

除此之外，还须对会客地点的室内及其周边环境加以适当的布置。进行环境布置的总体要求是：以少为佳、整洁为上、巧妙装饰、务求实用。

② 备好待客用品

通常，有客来访之前，需要准备好必要的待客用品，以应客人之需。在一般情况下，必不可少的待客用品主要有以下三类。

一是饮料、糖果、水果和点心。它们被人们戏称为中国人款待来客的"四大名角"，通常在待客时必须做到有备无患。

二是报纸、图书、玩具。它们既可供客人消闲之用，又可由宾主一道进行欣赏、讨论。

三是娱乐用品。有时间、有条件的话，宾主可以在一起进行娱乐活动，以同享欢乐。如果有小孩在场，娱乐用品亦可供他们玩耍。

③ 安排膳食住宿

在待客时，是否需要由主人安排客人的膳食住宿，往往需要分别而论。一般的规则是：在商定正式的拜访时，宾主双方即应同时议定是否应当由主办方安排来宾的膳食住宿；而在商定一般性的拜访时，则无此必要。对主人一方而言，在正常情况下，待客时是讲究所谓"备膳不留宿"的。

具体来说，接待来客时，主人一方均应为对方预先准备好膳食，并且在会面之初便向对方表明留饭之意。千万不要忽略此事，尤其不要只顾自己用餐而不顾招待来客，更不可让对方空腹而归。

一般而言，主人一方不必为来宾尤其本地来宾安排住宿。不过，假如"有朋自远方来"，则须为其安排。如果家中或本校不具备留宿条件的话，需事先向对方说明。特别需要明确的是，学校的集体宿舍或学生公寓通常不允许留宿外人。在这一问题上，通常是含糊不得的。在必要时，可代为对方外出联络住处。

④ 准备交通工具

接待来宾，特别是接待众多的来宾时，主方还须对来宾所使用的交通工具问题予以考虑。

接待本地客人时，若对方往返时乘坐自己的交通工具，应事先告知正确的交通路线，并为其交通工具安排停放地点。若对方往返时乘坐公共交通工具或者步行，亦须提前详细告知对方正确的交通路线。在必要时，主方还需要为后者安排、联络交通工具。

接待远道而来的客人时，一般应由主方主动协助对方解决交通问题。如果力所能及，则最好主动为其安排或提供交通工具。

为来宾安排交通工具，讲究善始善终。不但客人来时要管，客人走时也要管。这样做，不仅是为客人排忧解难，而且也体现着主人的待客之诚与善解人意。

2. 迎送礼让

在拜会中，对于自己抵达时主人是否表示欢迎，客人是十分敏感的。因此，在客人抵达之后，主人所要做的头一件事，就是要向对方表示热烈欢迎，并待之以礼。

为来宾送行时，主人亦须表现出应有的热情与礼貌。唯有如此，才可以使自己对来宾的友善之意贯穿拜会的始终。

具体来讲，迎送与礼让来宾，主要要求主人在以下五个方面表现得当。

① 迎候

对重要的客人和初次来访的客人，大学生在必要时要亲自或者请人前去迎候，以示对对方的重视。

迎候来宾的具体地点，往往有所讲究。一般而言，迎候远道来访的客人，可恭候于其抵达本地的"第一站"，即本地的机场、港口、车站或其下榻之处，并要事先告知对方。迎送本地的客人，宜在大门口、楼下、办公室或居所的门外，以及双方事先约定之处。迎候来宾的具体地点，一般应由主人自行通报给来宾。为了防止自己晚到一步，与宾主双方失之交臂，主人或者其代表应在来宾预定抵达时间之前一刻钟左右先行到达迎宾的既定位置。

对常来常往的客人，虽不必事先恭候于室外，但一旦得知对方抵达，即应立即起身，相迎于室外。不要在客人到来时"岿然不动"，也尽量不要让别人代替自己迎接客人。

② 致意

与来客相见之初，不论彼此熟悉与否，均应面带微笑，与对方热情握手。此刻，主人率先伸手与来宾相握，是对来宾热烈欢迎的一个具体表示。与此同时，主人还应当致以亲切的问候。

在一般情况下，握手、问候与表示欢迎，被视为必不可少的"迎宾三部曲"。大学生待客时若随意对此有所删减，即为失礼。

来宾抵达时，假如自己这里还有家人，同学或其他客人在场，身为主人的大学生有义务进行介绍。若任在场的人们互不搭理，或自行接触，则只能说明主人考虑不周，或怠慢客人。

③ 让座

客人如约而至后，主人应尽快将其让入室内，并安排其就座。若把客人拦在门口寒暄不止，通常被视作主人在向客人暗示其不受欢迎。

在接待来宾时，中国民间有一条古老的规矩，叫做"坐，请坐，请上座"，由此可见待客时让座问题的重要性，在具体处理主人为客人让座这一问题时，主要有以下两个方面应当注意。

一方面，主人一定要注意把"上座"，让给来宾就座。所谓"上座"，在待客时具体所指通常有六：一是"面门为上"，即宾主相对而坐时，面对房门者为"上座"，背对房门者为

"下座"。二是"以右为上"，即宾主双方对房门并排就座时，右侧的位置在座次上高于左侧的位置。三是"即远为上"，即宾主双方并排在房门的一侧就座时，以巨门远者为"上座"，以距门近者为"下座"。四是"居中为上"。即座椅有中夹、两侧之分时，以位于中央的位置为"上座"。五是"高座为上"。即座椅有高有矮时，以高者为"上座"。六是"舒适为上"。即较为舒适的座椅应当被视为待客时"上座"。

另一方面，就座时，为了表示对客人尤其是主宾的敬意，主人通常应邀请客人先行入座，或者与对方"平起平坐"，即宾主双方一同落座。大学生千万不要抢在来宾之前入座，更不可以不向对方让座，或是让错座。

④ 均等

所谓均等，在此是指主人在同一时间，同一地点接待来自不同单位，不同身份的来访者时，应当对各方来访者在礼仪上给予合乎情理的平等待遇。简言之，就是在同一时间之内接待多方的来访者时，礼遇上要平等相待。具体而言，接待多方来访者时，主人在下述两方面尤需倍加注意。

一是一视同仁。一视同仁，在此的主要含义是：主人在同一时间，同一地点接待多方来访者时，应当有意识地在态度上与行动上对其一律平等相待。若对其分亲疏，论贵贱，厚此薄彼，都是不礼貌的。

二是待客有序。待客有序，通常是指在与客人握手，问候以及让座，献茶时，主人要注意按照惯例由尊而卑地"依次而行"。在正常情况下，待客的具体次序有下列七种讲究：其一，女士先于男士；其二，长者先于晚辈；其三，老师先于学生；其四，已婚者先于未婚者；其五，职位高者先于职位低者；其六，先来者先于后到者；其七，客人先于主人。越是正规的场合，就越需要关注待客有序的问题。一视同仁与待客有序，是待客时表现均等这个重要问题的两个不同侧面，二者相辅相成，并不矛盾。

⑤ 送别

送别亦称送行。作为待客的尾声，送行必须为主人高度重视。常言道："迎来送往"。可见，在待客时不能有迎而无送。否则，主人在迎宾时所付出的种种努力便可能付之东流。

一般而言，告辞的要求应由来客首先提出。这时，主人应认真加以挽留。倘若客人执意要走，方可起身送行。不到万不得已，不允许主方以自己的语言、表情、动作暗示送客之意。当客人离开时，亦不允许坐而不起，有意不为对方送行。

送行的具体地点，通常可以有所不同。对远道而来者，可以是机场、港口、车站或其下榻之处；对本地的客人，则应为大门口、楼下或其所乘车辆离去之处。至少也要将客人送至室外或电梯门口，不然就算是对客人的失礼。

与客人告别时，主人要与对方握手，并道以"再见"，双方在握手时，最好先由客人伸出手来。要是主人在此情况下首先伸手与客人相握，则似带有极不耐烦的逐客之意，与平时难以谋面的客人道别时，还应请其"多多保重"，并请其代向家人或同事致以问候。

在一般情况下，当客人正式离去时，大学生应主动向其挥手致意。对方离开之后方可离开。应当特别强调的是，前往机场、港口、车站为客人送行时，若对方所乘坐的交通工具尚未开动，主人抢先离去是不应该的。否则，万一客人所乘坐的交通工具误点，或有其他意外发生，可就求助无门了。

3. 热情相待

在接待客人时，大学生一定要表现出自己的热情。做到了这一点，就会让客人更好地感受到主人的友善是完全真心实意，而不仅仅是敷衍。

热情待客，是拜访进行之中对主人一方的基本要求之一。要真正地做到热情待客，既要求主人感情热烈，对客人的关怀、照顾无微不至。又要求主人的所作所为合乎礼仪讲究形式，并力求形式与内容统一。在下述三个方面，尤其需要主人有所表现。

① 一心一意

在拜访进行期间，主人对待客人必须始终如一地表现出一心一意，对大学生而言，客人就是主人的"上帝"，待客就是主人的"工作重心"，因此，在待客时一定要真正做到时时、处处、事事以客人为中心，尽心尽力地对其照顾有加。切不可在接待过程中有意无意地三心二意，用心不专。那样一来，必然会顾此失彼，因小失大，冷落客人，甚至令对方产生不满。

主人在面对客人时，如果爱答不理，打哈欠，看书看报，听广播，看电视，查邮件，发短信，读微信，刷微博，忙于处理家务，打起电话没个完，与家人聊天，甚至抛下客人扬长而去，这只能说明主人轻视或者不喜欢对方。

② 兴趣盎然

孔子曰："有朋自远方来，不亦乐乎！"在待客之际，大学生有必要热情饱满，并对宾主双方的所言所行表现出极大的兴趣。

交谈，不仅是宾主相见之际的基本交际方式，而且也是主人借以表现自己对来宾的谈吐、见识充满兴致与敬佩的主要途径。在宾主交谈时，主人不仅要准确无误地表达和接受信息，而且还要扮演称职的"主持人"和最佳的听众，无论如何，主人都不宜使宾主之间的交谈冷场，不宜对客人的谈吐明显地表现出毫无兴致。

作为"主持人"，主人有义务为宾主之间的交谈寻找话题，避免大家相对而坐，无话可说。万一客人之间的交谈不甚融洽，主人则需出面转移话题。

作为听众，主人需要在客人讲话时洗耳恭听，并表现出浓厚的兴趣。有时，还可主动向客人讨教，以引发对方的谈兴。

③ 主次分明

主次分明，是主人待客时不可忽略的重要注意事项之一。具体而言，其要求有两个。

一是主人的私人事务一般均应从属于来宾接待这一中心任务。在任何情况下，都不允许主人将私人事务的处理凌驾于来宾的接待之上。

二是主人在待客之时应将此时的客人视为自己最重要的客人。它的主要含义是：主人既要接待随后而到的客人，又不能"喜新厌旧"，转而冷落甚至"抛弃"正在接待的客人。如果客人有先来后到之分，则可合并在一起进行接待；或者先请他人代为接待一下后来之人，主人随后亲自打过招呼再回来接待先来的客人。即便先来与后到的客人在身份、地位上有所差别，待客时主人讲究先来后到依然不变。当然，有可能的话，最好不要安排多批重要的客人同时到场，免得主人应接不暇、顾此失彼。

第五章
校园礼仪与形象

第一节　校园礼仪概述

校园是学生社交的重要场合。校园担负着教育人和培养人的使命，我们在此学习到的礼仪知识，也要首先在校园内践行应用。校园是各项礼仪行为规范最佳的实践场所，这里最纯净，最符合理想化交际环境，是教师教导学生形成正确的人生观、价值观的场所。因此，校园礼仪关乎每一位教育工作者和在校学生，教师的言行将为学生作出优秀的榜样，学生的言谈体现了个人的素质修养。在校园中养成得体的礼仪规范，将为日后步入社会做好充分的准备。

校园礼仪，有特定的交往对象，单纯是与老师的交往、与同学的交往。交往对象相对单调，涉及场合较少。虽然体现的都是日常行为规范，但究其根源，体现的却是一个人内在的做人道德准则。校园礼仪的严格实践，对于培养学生的日常行为习惯、待人接物方式都具有极其重要的作用。

校园礼仪要遵守的基本原则如下。

1. 友爱尊重的原则

友爱尊重是较高的道德标准。在校的学生应是素养较高的人群，一定要树立"心中有他人"的意识，与同学之间团结友爱，相互尊重。同学之间平等相待，一言一行体现尊重他人之意。从日常的小细节出发，注意细节的言行表达。平时用热情、诚恳的态度去对待他人，这样做，必然会得到他人真诚的回报。

人与人之间的交往是建立在相互尊重的基础上的，每个人都有被尊重的需要。尤其是在校园的场合，同学之间关系单纯，无任何利益关系，更加要坦诚地与对方交往。

首先是尊重他人的人格。不开无道德底线的玩笑，不刻意捉弄人，不轻视他人的存在。讥笑、谩骂、给同学起不雅的外号，都是极其不礼貌的行为。不仅伤害了对方的自尊心，还严重侮辱了对方的人格，这种行为已经涉及一个人的道德层面，是相当低俗的行为。

其次是尊重他人的行为习惯。每个人的生活习惯、行为习惯都是自幼养成的，受到家庭和成长环境潜移默化的影响。一个人的行为习惯几乎可以代表一个家庭或者一个人群的生活价值观念。因此，在住校生活中，要尊重他人的行为习惯，不刻意指责，尽量融合接受。这才是校园和谐的最佳体现。

2. 主动交往的原则

在校园培养外向、活泼、开朗的性格和良好的心理状态，可以为日后步入社会生活奠定良好性格基础。在校的人际交往，要主动积极，要做一个善于表达自己的人。语言交谈是最主要的形式之一。与同学之间言语交流要注意细节。首先，说话态度要平和，不居高临下，也要不卑不亢，用平和的语调去与他人交流。其次，用词文雅，不辱校园教学场所的神圣。再次，与同学开玩笑把握分寸，不雅或伤害人的笑话不说。最后，他人说话的时候认真倾听，不轻易打断，不无视他人讲话。即便要发表自己的意见或者插话，也要选择恰当的时机，礼貌地表达自己的观点。说难听的话，他人难以接受的话，甚至骂人、吵架都是极其无礼的表现，应受到众人的指责。

3.宽容适度的原则

在与同学接触交往时，要多容忍他人，多体谅他人，多理解他人，凡事站在他人的角度去思考问题。生活中不去做给别人添麻烦的事情。学会为他人着想，善解人意是一种美德。豁达大度，自控能力强是现代人在职场的基本素质。生活和学习过程中，不挑剔他人与自己的不同之处，也不强求他人要效仿自己，与自己的行为和想法保持一致。宽容也是尊重对方的一种表现形式。

有时，如果礼仪应用不当，就会产生"礼仪使人们接近，礼仪也使人疏远的情况"。陌生人初次见面，礼仪可以让一个人表现得有教养，展现气质与人格魅力。可是不分场合，不分亲疏，过于讲究礼仪反而会让对方觉得不自在、不实在，造成人与人之间距离的拉大。因此，礼仪的应用，要讲求适度，具体情况具体分析，因人、因事、因时、因地恰当使用。让身边的同学、老师不同的角色都能感觉与你交往很舒适。

4.乐于助人的原则

在高校校园中，同学们来自五湖四海，很多同学背井离乡来到这个城市读书，校园是大家的第二故乡。同学之间在生活和学习过程中要互相帮助，互相依赖，相处成为家人一般的关系。中国古话也讲"助人为乐是一种美德"，因此，校园礼仪要注意助人的原则。

当接到来自同学的求助后，应保持头脑清醒，明辨是非，弄清楚具体情况。如果同学遇到的困难真的需要帮助，那么应该尽力帮助。但如果同学弄虚作假，违反某些制度或出发点有些偏颇，这时要有正确的是非观点，不能助纣为虐，更要努力说服同学，讲明道理和自己的立场。

第二节　校园个人修养礼仪

1.距离的礼仪

从生物学的角度看，每一个生命都有自己的领空意识，人们叫这种领空为"生物圈"，一旦他人侵犯这个范围，就会感到不安并处于防备状态。现今，从社会角度看，不同关系身份的人，在身体距离上要把握一定的度，超越了身份关系的距离不仅自己会觉得不舒服，使自己进入防备状态内心不安，在场其他人看到这种错误的距离也会觉得不舒服的。在校园中与他人交往要注重身体上的距离，这种距离叫做界域距离。具体和不同人交往，身体保持多远为宜，如表5-1所示。

这里需要大家注意的是校园中的异性交往界域。校园中恋人关系的同学应特别注意在校内的言行。虽然恋人间是可以使用亲密距离的，可以在身体距离上表现得亲密些。但在校园中，首先体现的应是同学关系，同学关系重于恋人关系，不能在老师和同学面前忽略了同学关系而做出不恰当、不符合学生身份的行为。要对自己的行为有节制，做到在爱情中自尊、自爱。

表5-1 不同界域距离相搭配的交往人群

不同应用	距离类型	距离范围	适用人群	具体适用
交往界域	亲密距离	15～46cm	关系亲密的人	关系要好的同学间
	个人距离	46～120cm	社交中的交谈握手	男女同学间、不熟悉的同学间 平时与老师交往
	社交距离	120～210cm	商务洽谈接待来访	与校领导间、与外来宾客间
	公众距离	360～760cm	报告、演讲	与观众的距离
服务界域	服务距离	50～150cm	帮助、服务的场合	长辈、领导需照顾的时候
	展示距离	1～3m	表演性质	到教室前发表演讲
	引导距离	1.5m	指引、引导	指引外宾、领导行路
	待命距离	2m	等待、待命场合	在办公室与老师交谈

2. 形象礼仪

高校学生都已经成年，即将步入社会，同时又兼具着学生的身份。处于这个"交集"地带的大学生在校园中应格外注重自身的形象，既不能过于浮夸，又要正式大方。既要节约简朴，又要端庄靓丽，在形象上为走上工作岗位做好准备工作。良好的仪表，也是一名优秀学生正能量释放的一种途径。

① 清新靓丽，阳光有朝气。女生在校园生活中，不宜化妆；如果面临面试或正式的社交活动，可以化淡妆；不能化过于浓烈的妆面，失去年轻人应有的青春痕迹。发型活泼自然，以马尾辫为宜，不将自己装扮得过于成熟，穿衣不可过于暴露。

② 整洁干净，简洁有气质。男生不留长发，不留胡须，给人以整洁干净，富有活力的印象。不管什么发式，都要有阳刚之气，切莫过于女性化。如果不是特殊情况，留长发和留胡须都会显得过于老气，精神萎靡不振。即使天气炎热也不能光膀子、穿短裤拖鞋去上课。

③ 装饰适当，可爱有活力。可以有装饰品，但装饰物要得当。数量不能过多，起到画龙点睛的作用即可。不能戴过于沉重、夸张的饰品，与学生的身份不符。文身、扎耳洞、体洞这样的行为在校内是不恰当的，不仅影响学生形象，更对未来的工作不利。

3. 见面的礼仪

见到老师、同学主动问好，热情友善，并恰当使用点头礼、微笑礼。把握好与对方的关系，使用不同的肢体表达形式。见面后的态度，是一个人精神面貌的体现，也是个人正能量传递的最佳表达。

4. 言谈的礼仪

大学生是拥有高学历的人，是学习高等专业知识的人，是未来社会各行各业的主力军。在大学生身上体现的应该是阳光的、代表先进的事物。所以，大学生必须做到言语文明，说话办事改掉生硬的态度，杜绝说脏话、粗话，这会降低自身形象。在校学生都应在健康良好的语言氛围中进行交流。

首先要使用礼貌用语，礼貌用语可以使人与人之间交流的信息通道畅通；可以提高交流效率；可以提升个人形象，同时还代表学校的形象。其次，一些言谈的技巧要做到：语言轻柔、话语亲切、音量适中、讲究语言艺术、学会倾听、学会委婉拒绝、学会赞美他人。用美丽的话语与他人进行良好的沟通（表5-2）。

表5-2　校园主要场景使用的礼貌用语

应用场合	礼貌用语
见面问候	您好；早上好；你好，见到你很高兴；最近忙吧；请转达我的问候！
分手告别	再见；再会；祝您一路顺风；希望不久的将来还能再见！
求助于人	请；请问；请帮忙；请帮助我一下；请多指教。
受人相助	谢谢；麻烦您了！非常感谢！
得到感谢	别客气；不用谢！
打扰他人	请原谅；对不起；给您添麻烦了；让您受累了。
听到致歉	不要紧；没关系；您不必介意。
接待宾客	请进；请坐；请喝茶；见到您，很高兴；欢迎光临。
送别客人	再见；慢走；欢迎再来。
无力助人	抱歉；实在对不起；请原谅。
提醒他人	请您小心；请您注意；请您别急。
慰问他人	您辛苦了；您受累了；给您添麻烦了。
赞美他人	您干得好；太棒了。
征询他人	我能为您做些什么吗？这样会不会打扰您？请您让一下好吗？
道歉用语	很抱歉！这件事实在没办法做到；真不好意思；对不起，打扰了！
应答他人	行，请您稍候；好，马上就来；您不必客气，这是我应该做的。

5. 与老师交往的礼仪

① 主动向老师问好。无论在校园的任何位置遇到老师，都应该主动向老师打招呼。切不可因害羞不好意思开口而故意假装不见，故意逃避。在进出房门，上下楼梯处碰见老师更要主动招呼，并礼让老师先行。即便这位老师已经不为你授课，也要上前热情招呼，不能给老师一种"用人朝前，不用人朝后。"的感觉。

② 尊敬老师。尊师是中华民族的传统美德，中华民族古来就有"一日为师，终身为父"的尊师重教的习惯。因此，无论是校园中与老师交往，还是毕业后再与老师交往，尊重的心态永远都是不变的。尊敬老师的具体表现很简单，上课认真听讲是尊重老师的劳动成果；服从老师的管理，是尊重老师的教学态度；听从老师的教导，是理解老师的苦心。尊重老师的

教学成果，从心态上尊重老师的每一份辛勤耕耘。并且，不私底下恶意议论老师的相貌穿着，不对老师的私生活评头论足，要尊重老师的习惯和人格。

③ 虚心向老师求教。有不懂的问题及时向老师求教，相互交流。师者，传道授业解惑。不仅是向老师请教专业的问题，还可以与老师探讨生活难题，未来的规划，困惑问题等。通过与老师的交流，缩短与老师之间的距离，让老师加深对我们的了解，进一步增进和老师的感情。在与老师交流时要做到"五到"。这"五到"是虚心求教的正确态度和恰当表达。

第一是身到。指的是和老师在一起身体姿态要到位。有座位先请老师入座；如果老师不坐，学生也应该站立，保持恰当的距离。无论是坐着还是站着，都要姿态端正。

第二是眼到。指的是与老师交流双眼注视着老师，不东张西望，不用眼神扫视老师办公环境。

第三是耳到。认真听从老师的话，不能左耳进右耳出。

第四是口到。交流过程中给予老师语言上的附和；被老师询问应及时回答。

第五是心到。所谓"良师益友"，指的就是与老师像朋友一样平等交流，用心体会老师的话，信任老师。做出交心的谈话。

④ 礼貌地进入老师办公室。老师的办公室是学术交流的地方，也是老师岗位的职场。因事来到老师办公室必须特别遵守礼仪，不打扰教师办公室的办公氛围。

不冒失进入。学生无论因为何事都不能随意闯入老师的办公室。更不能在进入后因心急而大声讲话，这样不仅会影响自己的老师，还会影响其他老师办公。正确的做法是：可以提前与老师预定到达时间，按时进入。如果有急事，要先敲门，征得里面老师同意后方可进入。进入后不管要找的老师是否在，先向所有老师问好。老师若不在，礼貌地向其他老师询问并道谢离开。不能无视办公室内其他的老师。

站立位置合适。找到老师，应立于老师面前 1 ~ 1.5m 处。由于老师都是坐立，距离老师站立过近，会造成老师仰视说话。为了给老师提供交流的便利距离，要选择恰当的站立位置。

不在老师办公室逗留。办公室是老师备课、批改作业的场地，有时还是存放考试资料的场地。有时是不能让外人随便进入的。到达老师办公室，快速办好待办事宜，不拖拉，做到办事有效率。不能没事在办公室内玩电脑，刻意与老师拉家常，更不能因为一点儿小事在办公室向老师求情。

在办公室保持安静。在老师办公室，要保持绝对的安静，不能大声喧哗，控制好自己说话的音量。如果老师有事，则需要等待。不可和同来的同学窃窃私语甚至是打闹玩耍，这是极其不礼貌的行为。

6. 与同学交往的礼仪

① 善于交友，不自卑不自傲。同学之间交往要互助，这样才能有益于双方。近朱者赤，近墨者黑。要善于交友，学会选择志同道合的朋友，真诚待人。同学间在人格上是完全平等的，因此彼此要相互尊重，过于自傲或者过于自卑都会拉大与同学之间的距离。影响同学间的正常发展。

② 团结同学，不排斥他人。在一个班集体或者一个宿舍中，总有一些关系不错的同学，相互间生活习惯相似，共同话题比较多。但切忌长时间只接触关系要好的同学，而不和他人相处，形成小的集团。尤其是当小群体的利益与集体利益发生矛盾时，则应以大集体利益为先，舍弃小团队的小恩小利。

③ 同学交往，不互相攀比。学生团体还没有经济收入，同学们的生活水准取决于家庭的经济状况。不能相互攀比物质生活情况，这样做既不能体现个人能力，也不能展现家庭的优越性。攀比的往往是虚荣心。如果要比较，应与同学比志气、比信心，比学习成绩，这些东西才是能显示自我的"真材实料"。

④ 谨言慎行，不出口伤人。同学间相处不要在背地里说长道短，这是同学间最忌讳的事情。即便听到别人说，也要分析真伪，不轻易轻信，有自己正确的判断标准。在交流的过程中讲话温文尔雅，讲究语言美，忌自以为是、出言不逊、恶语伤人。

⑤ 合理退让，不揭人短处。尽量控制自己的情绪，不能让自己的情绪有过大的起伏，对情绪的管理能力是一个人高素质的体现。在与他人发生争论的时候，要做出合理退让，不一味地发泄情绪。争论时不能翻旧账，不要对已经过去的事情耿耿于怀、揭人短处，更不能对同学进行人身攻击和具有侮辱性的言语攻击。

第三节　校园公共场所礼仪

校园公共礼仪涵盖内容较广，本节内容将选取与我们生活最相贴近的几个方面来介绍。有很多时尚要素是外来文化，我们不大熟知，尽量地做到国际礼仪中国化，中国礼仪国际化；时尚礼仪生活化，生活礼仪时尚化。最大限度地让我们在休闲场合能够得体、大方、优雅地为人处世。

原则之一，以不妨碍他人为基础。

与私人交际有所不同，人们置身于休闲场合时，身份特殊，或为过客，或为看客，或为休闲，或为生活需求，不一定非要以一种身份角色与他人打交道不可，我们与这些人往往是不会发生正面接触的。虽然素不相识，但在公共场所的一言一行都不应该影响他人，打扰到他人。

原则之二，以对方的角度为思考问题核心。

在休闲场合我们接触的人群与我们的关系亲密，经常往来。是目的事件的主角，是休闲活动的担当者。因此，在交往交际的过程中多站在对方的角度去思考问题，体会感受，能够使我们的行为更加得体、贴心。

原则之三，以严格自律为技巧。

心中想着别人、约束自身行为的本质是自律，也是礼仪的核心，要在休闲时尚场合严格规范自身的行为。如果每一个人都能规范约束自己的行为，那么社会公共秩序状况将得到大幅度的提升。在公共场合活动时，要有公德意识，要自觉、自愿地遵守、履行自身角色职责，不严格规范行为，休闲礼仪将无从谈起。

一、课堂礼仪

中国乃礼仪之邦，课堂是学生学习的主要场所。规范的课堂礼仪，不仅有利于学生良好行为习惯和道德品质的养成，还有利于学生更好地学习科学文化知识。鉴于此，特制定《课堂礼仪》。

1. 课前准备

下课后，值日生应擦净黑板，整理好讲台；其他学生应在课前做好下堂课的学习准备，整齐地把书本和学习用品摆放在课桌的左上角。在上室外课、艺术课、实验课、信息技术课之前，各班学生应于预备铃响之前到达指定地点或场地，听候老师的安排。

2. 课前静息

预备铃响以后，学生应安静、有序地返回教室；进入教室后，应立即归座，静息，等待老师上课。整个过程动作要轻，避免课桌椅移动而发出响声。

3. 上课仪式

① 老师进教室后，先扫视全体学生，检查静息状态、学习用具的准备情况和学生的到位情况，发现问题，立即照章解决。（体育课由体育委员完成好整队、报告人数等程序）

② 上课准备工作完成后，老师喊"1，2"，全体学生应立即坐端正，向老师行注目礼。

③ 老师在确定学生已经做好了上课准备的前提下，才发出"上课"的指令；班长（值日生）随后喊"起立"，全体学生应随班长（值日生）的口令整齐地起立（在原位）；待学生站好后，老师应庄重地向学生敬礼，并说"同学们好"；等老师问好以后，学生须整齐、亲切、甜美地答"老师，您（鞠躬）好（起身）"；最后，老师说"请坐"，学生随后轻灵地归座，尽量避免课桌椅移动而发出响声。礼成，学生方可坐下上课。

4. 课间报告

学生上课迟到或中途需离开教室，应先向老师"报告"，等待老师同意后方可进（出）入教室。

5. 课堂坐姿

学生上课坐姿要端正（双脚与肩同宽），不能伏在课桌上，不跷腿，不跷横杠，不倚墙，书写和阅读要注意姿势，自觉做到"三个一"：手离笔尖一寸，眼离书本一尺，胸离桌沿一拳。完成作业时要独立思考，不随便讲话，认真检查后方可交给老师。

6. 课堂发言

学生上课要认真听讲，积极思考，主动举手（右手）回答问题。老师指定个别学生回答时，被指定的学生要起立、站端，及时、洪亮地回答。同学答问时，其他同学要认真倾听、认真思考，等待同学发言完后再补充。学生发言正确或有创意、深度，老师应恰当地给予评价，必要时，可以鼓动学生击掌祝贺。

7. 课堂交流

课堂讨论时，声音轻，要主动发表自己的看法，要善于与同学一起分享学习的心得、体会。

8. 下课仪式

下课铃响后，老师先说"准备下课"，学生再马上快速整理课本、器材和用品。

9. 下课秩序

室外课、艺术课、实验课、信息技术课下课后，学生返回班级途中应特别注意上下楼梯和行进过程的安全，做到成队有序，不大声喧哗。

10. 教师规范

老师在上课期间应认真组织、管理好学生，自觉使用普通话和文明用语，不体罚或变相体罚学生，切勿拖课、压堂。

二、就餐礼仪

食堂在正餐开餐时间段就餐人数多，时间集中，工作人员非常繁忙。同学们可能认为食堂不像教室、图书馆是正式的学习场合，食堂就应该是放松的，这样的想法是不对的。这里虽然环境相对嘈杂，但这是校内最大的交际场所，一言一行被很多人看在眼中，因此，更应该注重就餐礼仪。

1. 严格遵守秩序

为了提高食堂的打饭效率，每个人都应遵守秩序，自觉排队，不插队，不挤不嚷，安静等待。

2. 节约粮食

目前社会各界都在提倡"光盘行动"，勤俭是中华民族的传统美德，是我们每个人都应去践行的。要按照自己的饭量打饭，不因为面子问题或者挑食而多打饭菜，最后造成浪费。

3. 爱护卫生

吃剩的汤、饭倒入指定位置。骨、刺及无法吃的东西不能随地乱扔，也不要扔在餐桌上，用餐后要放在自己的餐具内，一同带走。餐具餐盘都是经过消毒的，取用餐具时不能乱摸乱挑，以免污染其他餐具。

4. 尊重工作人员

食堂工作人员年龄都偏大，对于同学们来说都是长辈，应该充分尊重他们。即便有时服务不周，有时动作有些慢，也应对辛勤劳动者报以尊重。对工作人员语言要礼貌得体，不用急促的语气进行催促。对工作人员的服务要致谢，微笑着说"谢谢"。

5. 就餐文雅

用餐要做到处处细节的文雅：用餐姿态要文雅，动作文雅，咀嚼文雅；控制用餐声音，更不能发出"吧唧吧唧"的声音；喝汤文雅，对着汤用力吹，汤过热而发出"兹拉兹拉"的声音是不雅的；吃相文雅，每口不过分放入食物，把两腮胀得鼓鼓的吃相十分不雅。

在校园中，学生的举手投足都展示着中国人的精神面貌，餐桌文化作为独具东方特色的礼仪风向标，更加需要每一位同学遵守秩序、讲究卫生、优雅的进行每一次用餐。

三、图书馆礼仪

图书馆可以比作知识的海洋，所有的同学都可以在这里找到智者进行对话，是校园内神圣的场所。因此，去图书馆要像参加正式社交场所活动一样，注重自身礼貌礼节。

1. 注重去图书馆的仪容仪表

到图书馆要穿戴整齐得体，不能过于暴露，不能穿拖鞋。

2. 在图书馆内保持绝对地安静

在图书馆人与人的交流尽量不要用语言，如果可以，要用眼神和手势代替。如果非要说话，要极力压低声音，缩略说话内容。不能穿鞋跟声音大的鞋子在图书馆内走来走去。要关闭手机及一切通讯设备，如需通话，要到阅读室外。同时，挪动桌椅时也要轻手轻脚，不能让桌椅发出滋滋的刺耳响声。

3. 在图书馆注重个人行为

有一些行为在图书馆里进行是非常不礼貌的。会影响个人形象，还会影响到其他同学学习。第一，占座行为是不当的。图书馆内的座位是为大家提供学习的位置，不能很自私地"承包"，这样的行为降低了图书馆的使用效率。第二，在图书馆打瞌睡和睡觉都是不当的行为。图书馆内睡觉形象不佳，有些人甚至还会打呼噜，影响自己又影响别人。第三，不能将零食盒食物带入到图书馆内。有些食物有声响，有些食物气味浓重，这些都会分散其他人的学习注意力。第四，在图书馆内与异性朋友卿卿我我是非常不恰当的行为，如果特别过分，甚至是可耻的。

4.遵守图书馆的借阅规则

关于图书的借阅种类，借阅册数要严格遵守借阅规则。不在书上乱涂、乱画、折页，要爱护图书。看完的书本要放回原处，不能到处乱放。定期归还到期书目。有些同学一直借阅一本书，几乎将它视为己有，这是不利于图书馆正常运行的行为，应立即改正。保持图书馆内的卫生，记录过的字条、废纸应扔入纸篓。

四、寝室礼仪

寝室是大学生活中使用时间最长、使用频率最高的场所，犹如第二个家，寝室成员就是家庭成员。大家生活在一起是否便捷，是否舒适，是否开心，都取决于寝室内的交往情况和生活情况。所以，寝室内大家的行为规范尤为重要，直接影响寝室生活的质量。

1.注意寝室的卫生情况

寝室不是个人的空间，是集体共有场合。每一个人都应该搞好自己的个人卫生，管理好个人物品，保持整洁，按位归放。良好的共同环境有助于寝室内每个人的身体健康情况，除了个人物品外，公共空间的卫生要由大家轮流保持。可以给寝室做一些美化，养些花草，或者张贴美丽的图画。给大家营造一个整洁、卫生、优美的生活环境。

2.搞好同寝室同学的关系

寝室同学间，关系如同兄弟姐妹，良好的人际关系是保持寝室和谐氛围的前提条件。要在生活中做到相互关心，相互帮助；在学习中你追我赶，共同追求进步。当然，也难免会发生不愉快的事情，大家都应克制自己的情绪，宽和待人，多站在对方的角度思考问题。其他同学争吵时，不能袖手旁观，更不能火上浇油，要耐心劝慰，息事宁人。一定要意识到"家人"的关系会影响到每个人的生活，要乐观、积极、阳光地看待发生的矛盾和问题。

3.尊重同学的习惯及隐私

每个寝室成员由于性格不同，生活习惯不同，兴趣爱好不同，相互间应尽量协调，尽量适应，尽量融合。不做影响他人的事情，同时不嫌弃他人的习惯，学会适应生活，这是学习适应社会的第一步。

即便是无话不谈的好朋友，人与人之间也应保持适当的空间，留有自己的隐私空间。不可以打探同学的隐私，这是尊重对方的最佳表现方式。

4.关注寝室公共安全情况

寝室安全是头等大事，是关乎生命财产的大事。严禁使用高功率电器，严禁在寝室内做饭。出门后关好门窗，切断电源，个人物品小心存放，防偷防盗。

社交礼仪篇

第六章
涉外礼仪与形象

涉外礼仪，又称涉外交际礼仪，指的是中国人在接触外国人、与外国人打交道时应当遵守的有关国际交往的惯例。在国际交往中，它通常都是普遍适用的。随着中国的国际化地位日渐升高，中国人到外国去，外国人到中国来，中外人士在彼此交往时显然都有必要处理好双方关系，以发展友谊、增加了解、加强信任（图6-1）。

近几年，在高校中，外国留学生日益增加，无论是学习还是娱乐，在图书馆或是食堂等地方都能与外国留学生相遇。对于中国人而言，个人形象的提升，礼貌用语的加强就是首要问题。同学们也要对参与国际交往的惯例有所了解，并且认真加以遵守。唯有这样，才能够真正地使自己被交往对象所了解，并真正地融入国际社会。

图6-1

第一节 社交形象

一、涉外形象礼仪中的装扮要点

在与外国人交往的过程中，要充分了解他们的习惯与忌讳，不同国家的风俗有所不同，我们尽量避免过于邋遢随便的装扮。

① 衣裤要整洁、干净，尤其是衣领和袖口。

② 穿长袖衬衣时应将衬衣扎在裤内，不要卷袖子和裤脚。

③ 穿西装时，若西装是单扣或多扣，则应全部扣起来，双扣的可以只系上面一个。

④ 男士不应穿短裤参加涉外活动。女士穿凉鞋的话可以光脚，若穿袜子则不要将袜口露在衣裙外面。

⑤ 涉外交往中应注意不要穿着睡衣、睡裤或者拖鞋接待客人。以上就是穿着上的涉外礼仪知识要点。

二、涉外形象礼仪中的注意事项

① 进入室内场所后通常应脱下手套和帽子，脱掉大衣、外套、风衣等等。

② 室内通常不戴墨镜或其他有色眼镜，特殊情况下必须戴有色眼镜应主动说明并表示歉意，而且握手交谈时应该摘下墨镜。

③ 西方妇女的纱手套、纱面罩、披肩、短外套等作为服装的一部分是可以在室内穿戴的。

三、涉外形象礼仪中握手的注意事项

① 先打招呼，然后握手。如果是初次见面，一般在介绍自己时主动伸手，如"I'm Green，nice meeting you."同时握手。

② 在一般情况下，握手时间不宜过长，一下即可，不可太用力。关系很熟的话握手时间可以稍微长一些。有时年轻的对年长的、身份低的对身份高的可以稍欠身，用双手握住对方的手，表示敬重。

③ 男士与女士握手，轻轻握一下女士的手指部分即可。

④ 涉外礼仪中握手时伸手的顺序也有些讲究：主人、年长者、身份高者和妇女先伸手。

⑤ 多人握手时不要交叉，等别人握手完毕后再伸手，握手前脱帽并摘下手套，握手时双目注视对方，面带微笑。

四、涉外形象礼仪之谈话内容

① 自我介绍时，一般说说自己的姓名即可，也可加上自己来自于哪，例如"I'm John Lee from Shanghai."

② 介绍别人时还应该说明和自己的关系，例如"She's Susan，a friend of mine. She's from Beijing."

③ 涉外交往中谈话内容尽量避开宗教、疾病、死亡、淫秽等话题。

④ 不要询问别人的收入、家庭财产等私人生活问题。

⑤ 不要批评长辈、身份高的人，不要耻笑讥讽别人。

⑥ 与女士交谈时，不要询问女士的年龄和婚姻状况，更不要评论对方的身材、健康、收入等。当然夸奖对方的寒暄是很好的，例如"Hey you look so charming today."

五、涉外形象交往礼仪中的礼貌用语

无论是涉外交往礼仪还是涉外商务礼仪都要求多用礼貌用语。

Excuse me，may I take a look at this picture？对不起，我能看下这张照片吗？

Excuse me，may I ask you a question？打扰了，我能问您一个问题吗？

Help me put the map on the wall please. 请帮我把这张地图挂在墙上。

I'm sorry，I'm late. 对不起我迟到了。

Thank you for your help. It's really awesome. 谢谢你的帮助，真是太棒了。

第二节　社交惯例

一、求同存异

在世界上，由于有众多的国家、民族、各国、各民族人民在宗教、信仰、文化、习俗、生活方式和社会制度等方面可谓千差万别。就礼仪、习俗而言，各个国家、各个民族不可一概而论。涉外交往中客观存在的礼俗方面的差异性，往往对其产生一定程度的制约，并为中国人结交异国友人带来了一定的难度。

与外国人交朋友，要想统一思想、统一认识，往往很难做到。不分交往对象，不了解交往对象的具体情况，而采用传统的、中国式的热情好客等种种做法去"以不变应万变"，显然也并非上策。理智的做法，就是在国际交往中涉及有关礼仪、习俗等人际交往方面的具体问题时，一定要坚持"求同存异"的原则。

"求同存异"是涉外礼仪的一项基本原则。它的主要含义是：在对外交往中，中外双方要想在人际交往方面减少摩擦、化解矛盾、取得进展、争取突破，关键是要回避双方的不同之处，努力寻找双方的共同点，并以此作为彼此之间实现进一步合作共赢的基础。

1. 求同

在国际交往中，求同是重要的基础。离开了求同，成功的涉外交往实际上是难以想象的。所谓求同，在此主要是指要在礼俗方面寻求共同点，并以遵守惯例作为涉外交往的基本要求。

① 共性寓于个性之中

各国的礼仪、习俗尽管存在着千差万别，但是并不能排除其共性的存在。在宏观上讲，各国礼俗的共性必然蕴于个性之中。各国礼俗的个性，实际上是共性难以存在的基础。没有前者，使不存在后者。与此同时，作为概括与升华，各国礼俗的共性不但来自个性，而且显然其适用范围更广，发挥的作用更大。

不容否认的是，各国礼俗的共性是一种客观存在。例如，在人际交往中面含微笑、相互问候，就是一条普遍使用于国际交往的惯例。

② 重点在于遵守惯例

在国际交往中，尊重各国在礼俗方面所存在的差别是必要的。然而，由于每个人的实践、学识、阅历有限，不可能对各国的礼俗完全通晓。对一般人包括大学生而言，最重要的就是在国际交往中遵守礼俗方面的国际惯例。

有关礼俗方面的国际惯例，犹如国际交往中通行的一种"世界语"。对其自觉加以遵守，就会使自己畅行无阻；反之，则会使自己举步维艰。

例如，在排列位次时，有的国家讲究"以右为上"，有的国家则讲究"以左为上"，目前所通行的国际惯例则是"以右为上"，由此可见，在礼俗方面的国际惯例主要出自各国礼俗的共性。其最大的好处是可以使人们在参与涉外交往时化繁为简、达成共识、避免曲折、实现沟通。

2. 存异

中国古语有言，"君子以同而异"，在国际交往中，存异是求同的前提。没有存异，就不可能真正地实现求同。所谓存异，主要是指在国际交往中要对中外双方在礼仪、习俗等方面所存在的差异性予以承认，并表示尊重。

二、不卑不亢

与外国人打交道时，每一名大学生都会遇到如何摆正自己所处的位置，采取何种态度对待对方的问题。不论在正式的涉外活动中，还是非正式的国际交往，这一问题都是客观存在的。不卑不亢，就是大学生在与外国人打交道时用以考虑自己的位置、端正自己的态度的一项涉外礼仪的基本原则。

所谓"不卑不亢"，在此具体是指每一名大学生在与外国人进行接触时，特别是在参与正式国际交往时，一定要明确地意识到自己在外国人眼里代表着自己的国家、代表着自己的民族、代表着自己的学校。因此，必须使自己的言谈举止讲究分寸、从容不迫、雍容大气、堂堂正正，而不能肆无忌惮，因为自己表现失当而给国家、民族、学校抹黑。在外国人面前，中国人的正常表现应当泰然自若，既不应该表现得畏惧自卑、低三下四，也不应该表现出自大狂傲、目空一切。

在国际交往中，每一名大学生都必须自觉地做到不卑不亢。从根本上讲，这是事关自己国家、人格的问题，所以容不得半点糊涂。每一名大学生都必须牢记，在国际交往中，"事事无小事，事事是大事"，自己在外国人面前的一言一行、一举一动，都事关大体。

具体而言，大学生要在国际交往中真正做到不卑不亢，不仅要在思想上有所提高，正体清源、端正态度，而且还必须在国际行动中付诸实践，对"不卑"与"不亢"二者同时予以坚持，防止矫枉过正或过犹不及。

1. 克服自卑

在涉外交往中，要使自己的所作所为在外国人眼里显得"不卑"，关键是要克服自卑心理、防止自轻自贱，坚持自尊自爱。

要在虚心学习外国的一切长处、尊重外国的文化和习俗的同时，坚决反对所谓"外国的月亮比中国的月亮圆"等盲目崇洋心理。在国际活动中，每一位大学生不论因公交往还是因私交往，都要不失国格、人格，并以自尊、自重、自信和自爱为基础，与外国人真正地平等相处，而不是一味地迎合、讨好、迁就对方。在外国人面前，大学生最为得体的表现，应当是气宇轩昂、堂堂正正、坦诚乐观、豁达开朗、从容不迫、落落大方、进退有度、充满自信。与外国人进行交往应酬时，既要言行谨慎检点又要不拘谨，既要积极主动又要不盲动，既要注意慎独自律又要不手足无措。

对于外国所取得的各项成就，大学生完全没有必要视而不见、蓄意贬低、嫉妒对方，但又绝对不应该自愧弗如、自惭形秽，不可由此而以偏概全、错误地认定外国的一切都比中国好，因而在洋人面前卑躬屈膝，直不起腰来。更不能就此对外国的一切都崇拜得五体投地，断定外国人一贯正确，或自以为理不直、气不壮，进而对对方毫无原则地有求必应，甚至被对方牵着鼻子走。

2. 防止自大

要在国际交往中表现得"不亢"，通常首先有赖于克服自身的骄傲自大心理，但更重要的是谨防盲目排外。

在国际交往中，要在坚持自立、自强，以自身的国际行动体现出"中华民族站立起来了"的精神风貌的同时，坚决反对盲目自大的情绪，尤其是要摒除极端排外做法。

从总体上来说，每一位大学生在国际交往中都应该表现得谦虚谨慎、戒骄戒躁。在一切对外活动中，既不必妄自菲薄、抑己扬彼，也不应该高傲自大、目空一切、自以为是。

具体而言，在国际交往中，应当善于像外国人学习一切好的东西，以便取长补短、为我所用。不承认别国的长处，与不正视本国的短处一样，都永远只是夜郎自大、难有长进。

在国际交往中，尤其是在与小国、弱国、穷国的人士进行交往时，大学生一定要平等相待，而不应当表现得嫌贫爱富、拒人于千里之外。不允许对对方颐指气使，更不能够在对方面前显得冷漠无情。不要忘记，就国际交往而论，在任何情况下的帮助、支持都是相互的。与大国、强国、富国相比，中国目前仍旧只是一个刚刚起步的发展中国家。离开了其他国家的帮助和支持，中国不可能有今天所取得的成就，更不可能有今后的进一步发展。

三、入乡随俗

古人言"入境而问禁，入国而问俗，入门而问讳。"它表明了解风俗、习惯的差异性，对跨国家、跨地区、跨文化背景的交往具有极端的重要性。

"入乡随俗"是涉外的主要原则之一。他的主要含义是：要在国际交往中真正地做到尊重交往对象，首先就必须对对方所独有的风俗、习惯予以应有的尊重。当大学生前往其他国家或者地区进行学习、工作、参观、访问、旅游的时候，特别有必要事先对当地特有的风俗、习惯有所了解，并对其表示自己所应有的尊重。如果做不到这一点，对交往对象的友好与尊重就好似敷衍了事，甚至根本无从谈起。

在国际交往中，中国人之所以必须认真地遵守"入乡随俗"的原则，主要有下列两个方面的原因。

① 差异性是一种客观存在

世界上的各个国家、各个地区、各个民族，在其各自历史发展的具体进程中，形成了自己独特的风俗、习惯。这种"十里不同风，百里不同俗"的差异性，是不以人的主观意志为转移的客观存在，也是世界上任何力量都难以强求统一的。

以见面礼仪为例就是各有千秋。即使人们知道如何嘘寒问暖，但在陌生的国度如何大方得体地行见面礼仪却着实让人为难。

在意大利、西班牙和欧洲大部分国家，两个人打招呼的方式都是走上前快速地亲吻彼此的脸颊：先是右侧，然后左侧。如果彼此不太了解对方，也可以通过握手以示友好。这种打招呼方式在大多数欧洲国家是一种惯例。

在德国亲吻面颊很常见，不过通常只是在脸颊左侧亲吻一下。一些德国斯多葛派人士和部分德国人最近呼吁废除这一见面习俗，他们认为亲吻面颊是异族文化入侵德国文化的一种表现。

法国的亲吻礼仪比较复杂：先亲吻对方的右侧脸颊，亲吻的次数会因为不同的地区而有所差异，有些地区只吻一下，而在法国北部的大部分地区见面需要亲吻五下。注意灵活地随机应变就好了。

② 有助于有效沟通的实现

在国际交往中，对外国友人所特有的风俗、习惯予以尊重，实际上等于是表示我方对对方的亲善友好之意。换言之，讲究"入乡随俗"是促进中外双方人士彼此之间加深相互理解与相互信任的一种有效沟通途径。

反之，若是对外方人员所特有的习俗缺乏应有的了解与尊重，往往就会在无意之中做出一些被对方视为"伤风败俗"的事情来。

例如，被中国人视为美味佳肴的猪蹄、鹅头、凤爪等，在西方国家绝对无人食用。中国人普遍种植的菊花，在不少国家则只能用于祭祀逝者。

第三节　社交语言

语言是人际交往的基本工具，也是构成人际交往中的一个重要环节，文明礼貌，幽默风趣，用词适当，语气得体，轻重相宜等，这些构成了人际交往中语言美的整体，学生必须在人际交往中不断地加以总结，提高和培养。

使用语言技巧高明的人，能利用符合听众、环境、形势及话题的说话技巧说话，而且态势语言，音调也能和语言充分配合。所以，在与人沟通时，语言占有相当重要的地位。况且我们所谓的"沟通"，大都是通过语言进行的。所以大学生在人际交往中要特别注意语言的表达。如果对方对你的态势语言感到满意，接着就会注意你所说的话。这时，你所说的话必须能配合整体性的第一印象，以引起对方的注意。以适当的用语，有条不紊地把自己要说的事传达给对方，巩固你语言之外的因素留给对方的好印象。

和态势语言、音调一样，良好的说话技巧也能吸引对方，相反，不适当的语言也会使你失去信心，或使他人产生不愉快的感觉。

说话的技巧，是在实践中摸索掌握的。也可在非交往中学习，总结和提高，如在交往前先听听自己说话的录音并加以分析。你也可以回忆一段你说话时所引起的反应，有利还是不利；然后分析原因，加以纠正；你还可以从别人成功说话的例子中找出给你强烈印象的原因。以此来不断提高自己说话的技巧。

一、避免使用不理想用语

这是在人际交往中必须把握的重要语言技巧。所谓不理想用语，就是会伤害到语言的影响力及感染力的语言，大致包括"连接语"、"限定语"、"差异语"三种。

① 连接语——如"嗯"、"呃"、"啊"等无意义的字眼，在人际交往中使用这些无意义的

字眼会破坏话语的连贯性及节奏，而且会使对方感到焦躁，甚至转移对方对你所要表达的意思的注意力。最好是有意识地注意，避免话语中带这类字眼。每当你即将脱口说出它们时，便保持一段沉默，给对方思考你刚所说的话的时间，有时沉默还能营造出特殊的效果。

② 限定语——如"不过……""虽然不能断言，不过……"，"我虽然不知道详细情况，可是……"等，在人际交往中，限定语也是一种不理想的用语，它会伤害到你的信用度，还会降低你发言的价值，比连接语更不易处理。

这种借口常伴随着没有自信和态势的语言，如垂下眼皮，身体前屈，不自然的微笑等，以及没有自信心的声音出现。这种情况当然会使你的话失去权威性。尤其在与别人初交的场合中。

在人际交往中，要避免使用限定语，同时注意避免诸如眼看下方，不敢正视对方，用不安的细小声音说话等。这样可避免对方认为你毫无自信、拿不定主意。说话要用明确的语气。

③ 差异语——是三种不理想语言中最不理想的语言，连接语，限定语并不一定会得罪对方，也较易获得原谅，而差异语则会疏远他人、批评他人、侮辱他人，使对方耿耿于怀，使交往失败，即使你是无意的，即使你表情诚恳，口气温和。

在男女同处的场合，不要有重一方轻一方的语言；不同年龄的人同处，不要有轻小蔑老的语言，也不要用不敬的称呼，如称老人为"老头子""老婆子"等。

说话还要注意，不要随便使用专用语或别人不太懂的术语，以免使人产生疏远感。千万不要卖弄技术用语、法律用语、职业用语，给对方以听天书般的感觉，不然，对方定会认为你过于自大，丝毫不考虑谈话的对象。

另外，不适用于当时场合、情况的语言也要在人际交往中尽量避免，如，用开玩笑的口吻说正经事，轻松谈天时你一本正经地板着面孔；在别人谈话时，插不相干的话，都会使对方感受不悦。

总之，在交往中，千万不可使用造成你与对方不欢而散的语言。如果担心发生这种情况，你可以直接问对方希望用哪种方法表达；可以事先了解对方的性格；可以征求对方希望你所用的称呼方式，这总比事后道歉更具效果。

二、社交语言的口语化

交际语言比普通谈话语言要求更高，却常常被忽视口语化这个特点。按说在交际时，语言的口语化本该不成问题，但由于说话者在社交活动中未引起重视，就容易使交际的语言"书面化"。要想做到口语化，需做到以下几点。

① 尽量选取双节音的词。口语是线性语言结构，以音传意，有瞬间即逝的特点，不像读书看报，看一遍没看明白还可以再看两遍，口语却不能做这样的重复。所以，选择用词时最好用双音节或多音节的，而不要用单音节的。现代汉语的词语大多由原先的单音节变为双音节或多音节了，这就很容易让人听清楚，更适合于"口传"和"耳受"。

② 多用通俗生动的话。交际口才在用词风格上，多用通俗生动的语言，而不要文白夹杂或者是高度凝练的语句。口语也要修辞，但更注重通俗性。也就是说，口语要多用浅易通俗、生动活泼的语言，不要生造词语。

③ 句式简短。句式简短不是语句零碎不完整。因为某些意思必须要有较长的句式来表达，那就要使用较长的句子。但在这样做的时候，可以通过详略结合、长短相间的方法来避免一

味地冗长繁复。

④ 句式灵活。口语的句式比较灵活，不像书面语言那么讲求完整和严谨。这有四方面的原因：第一，对话双方共处同一时境，有时省略掉某些句子成分，如使用缺少主语的句子或宾语省略等，也不会造成理解困难；第二，随时的插话和补充，使语句发生变化；第三，同义反复，即需要反复表达相同意思时，句式有所变化；第四，在运用修辞手法方面要注意与口语表达的特点相适应。如运用比喻、比拟，最好是因境设喻，浅易而直接；使用借代辞格，最好是加以简明的解释；以及避免使用音同而义不同的词等。

三、注意事项

① 谈话时表情自然，语言得体，可适当做些手势，不要手舞足蹈地动作太大。

② 不要用手指他人，有这样的习惯的同学可以手上握支笔或拿本书以消除这样的动作。

③ 如果要参加别人的谈话应打招呼，比如说"Excuse me，may I join you?"如果别人在个别私聊，就不要凑过去了。

④ 尊重别人的讲话，别人发言时尽量不要打断，需要发言可以等别人讲完再说。

⑤ 谈话中如果有要离开，应向对方打招呼并表示歉意，例如"I'm sorry I've gotta go. It's very late now."

⑥ 交谈过程中应目光注视对方，别人讲话不要东张西望，心不在焉的样子，不要玩弄其他东西或者老看手表，一副不耐烦的样子。

第七章
职场礼仪与形象

第一节　职场礼仪

从大的礼仪范畴来看，职场礼仪应用的范围极小，就是在职场内部。但从人们日常生活所在场所时间分配来看，职场礼仪应用的时间最长，人们大部分的时间是在商务场合中度过的。综合以上来说，职场礼仪具有非常强的针对性，需要长期养成良好职业习惯的礼仪。这种职业习惯就是职业素养，是体现一个人在工作场合中能力的重要标志。职场礼仪就是通过规范自身行为、尊重他人、为他人提供便利，从而展现职业形象、提升人际关系、对事业具有长远帮助。

一、职场礼仪基本原则

巴菲特曾说过："在职场，树立良好的声誉需要20年时间；毁掉它，5分钟就够了"。可见，遵守职场礼仪是长期任务，是细节任务，在职场中具有非常重要的作用。它不仅是个人修养的外在展现，同时也是人际交往的润滑剂，使你在工作中游刃有余。在某些场合，它附着在职员身上还将是一张流动的企业名片。职场礼仪，对个人、对企业、对社会都起着不可或缺的作用。

遵守职场礼仪的根本原则是：律己敬人，规范自身行为是前提，以求达到尊敬他人的效果。

执行职场礼仪的根本方法是：白金法则，指的是别人希望你怎样对待他们，你就要怎样对待他们。一切问题站在对方的角度去考虑。

遵守职场礼仪的基本原则是：诚信、谦虚、宽容、适度、合作、感恩。诚，是为人之本，信用是立足职场的根本条件；谦虚才能使人进步，是在职场中快速成长的一剂良药；宽容他人是成熟的标志；万事讲求度才能完美无瑕；学会合作是学会站在更高者的肩头；懂得感恩是一个人有良好素质的重要标志。

场景描述——办公室礼仪

小王是新进公司的员工，今天已经被分配到自己所在部门。看着属于自己的办公桌、办公椅，小王别提有多开心了。他所在的办公室一共有5人，年龄均比自己长。在未来相处的一段日子，小王应该注意哪些问题？

二、办公室礼仪

办公室礼仪是职场礼仪的核心，所有的行为方式都将在这个场合表现出来。它涵盖的范围很广，是个需要细心观察、认真实践的礼仪。

1. 使用办公场所、办公物品的礼仪

爱护、保护办公物品，保持公用物资的整洁，严格遵守使用规章制度。对办公物品也要像对待自己的私人物品一样，摆放整齐，归纳数量，使用时勤俭节约。

保持办公场所的干净整洁。办公桌上的物品摆放整齐，不能摆放与工作无关的私人物品。如：镜子、化妆品、小玩具等。这样会分散工作时间的注意力。有些人只顾及自己办公区域的卫生，只管"自己的一亩三分地"，这样做是不对的。整个办公环境都是企业的名片，是你工作的环境，要爱护保持办公区域的卫生，如：使用后的会议室要打扫干净。

使用办公公用设备要有先后顺序，不插队，不恶意使用。使用完毕后归于原位。

2. 办公室人际关系礼仪

社会的组成离不开人际关系，人际关系就是人与人间相互联系、相互依存的关系网。讲求办公室人际关系，就是在为自己营造一个良好的办公氛围，创造出一个愉悦的办公场所。有心理学家曾经做过实验，在人际氛围良好的环境中办公将比在人际环境恶劣的环境中办公效率提升40%。可见，为了顺利开展工作，让自己的工作更加愉快，要处理好工作中方方面面接触的人群，用正确的态度对待他们。用下图来明晰工作中与不同人交往的态度重点（图7-1）。

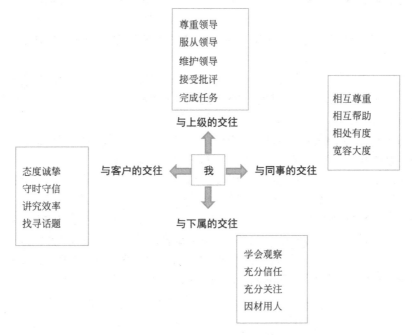

图7-1　对待不同人际关系的态度

3. 联络礼仪

人们联络的方式多种多样，手段也层出不穷。但其目标就是要能够保持联络的通畅性和礼貌性。在这个过程中，每个使用联络工具的人都要遵守相关礼仪。

① 电话礼仪

电话是一种极其方便的交际方式。虽然双方不能面对面，但通过语气、语速、语言表达是可以感受到对方的态度的。因此，电话沟通比见面沟通更难，需要把握好表达方式，力求传递正确的信息，必须要遵守电话礼仪。

树立电话形象。虽然打电话的时候双方是看不见的，但你的声音却可以为你树立独一无二的形象。对方听到亲切、和蔼、悦耳的声音，心情必定愉悦，这是一次愉快通话的开始。人的声调分为四档：低音，身体状态不好或者生气、消沉时使用；中音，用于描述客观情况和事务；中高音，精神状态好、愉悦的表达；高音，极度的惊恐、兴奋用的音调。因此，电话形象中的音调应该是中音和中高音的结合，可以给人好印象又能客观陈述事实。

选择恰当的打电话时间。职场的办公电话尽量要在办公时间拨打，不要占用他人的私人时间。一般在上班后十分钟，下班前十分钟打电话比较适宜。如果是越洋电话，那么就要考虑时差问题了，选择一个对方方便的时间打电话。有些时间段打电话是非常不礼貌的，比如：早七点前、晚十点后，这样的时间严重影响了他人的休息时间，没有特殊重大事件不能占用；用餐时间打电话也是不礼貌的，一是影响他人进餐，二是对方不能投入全部精力处理问题。

掌握好通话的时长。打电话前理清思路，确定好要陈述的内容、目的。语言精练，简明扼要，切忌用办公电话与他人煲电话粥。一般的事务型电话三分钟以内一定可以沟通完毕，这三分钟称打电话的"三分钟原则"。过于拖沓的表述有时也会给人带来啰唆、不耐烦的感觉。

在职场打电话时姿态要端正。左手持听筒，右手按键，右手用笔记录。嘴距离听筒的距离为3cm，吐字清晰。不能整个身体趴在桌上打电话；不能跷二郎腿打电话；不能边吃东西边打电话；更不能边吸烟边打电话，对方是可以通过你的气息听到的，这样的行为是对电话对方的不尊重。

注意对方的反应。从电话接听开始，注意对方的反应。根据对方的反应调整我方的语言。尽量体谅对方，根据电话事务的不同，变换使用礼貌用语。如"您好"、"麻烦"、"劳驾"、"谢谢"等等。

在三声内接听电话。铃响三声内接听电话是最为礼貌的。铃响一声马上就接起，对方会反应不过来。电话响好久后才接听，要先说"对不起，让您久等了"。

礼貌应答。接起电话后，礼貌应答，问候并自报家门。如："您好，凯宾斯基酒店前台"。

找人电话迅速转接。如果电话中需要找的是其他部门，要代为转接或者礼貌告知电话号码；如果电话中要找其他同事，要说"您稍等"，立即召唤同事。但在对方等待的过程中，一定要扣好听筒，让对方听到我方说话的声音，甚至是嘈杂的声音都是不礼貌的。

电话记录认真详细。如果电话内容需要做记录，那么要认真详细，笔记清晰，内容翔实。一份完善的电话记录要包含5W1H。所谓的5W1H内容是：When何时、Who何人、Where何地、What何事、Why为什么，及How如何进行，电话记录要包含以上几个要素。

注意挂断电话的顺序。通常职位、身份高的人先挂断电话。如果是营销方面的电话，通常是顾客先挂电话。平级间同事通话，打电话者要等待接电话者先挂断电话。无论是谁挂断电话动作要轻柔，不能让对方误以为是在摔电话。

②　网络礼仪

网络是现代社会沟通另一种必备的工具，同样具有不能面对面的特性。并且要在虚拟的空间中展开职场业务交流的话，就必须遵守严格网络礼仪，有时一些必要的数字备份将是法律证据的一种。用网络进行内部沟通的职场，往往可以透过职员对网络的应用频率来判定这个公司沟通通道是否通畅、员工的工作态度是否端正、职场的成熟度如何等一系列问题。网络沟通是难于见面沟通的一种形式，在不见面的前提下，相互尊重、相互友好，好好利用这样一种便捷的办公工具。

把网络工具用于工作，要规范自己的行为。让网络最大限度地服务于工作，不能在上班时间用网络干私事或玩游戏。

相互尊重。在网络上的沟通和见面沟通尊重程度是一样的。应用电子邮箱、聊天工具进行沟通过程中，书写要规范，内容简洁明了，称呼尊敬，以电子的形式表达对对方的尊重。

充分尊重他人的隐私。在职场用公用电脑进行聊天工具和账号登录时，要注意保护他人的隐私，不偷看他人聊天信息，网页浏览信息。

及时在网络上进行回复。定期打开邮箱，打开聊天工具。如有延误，要及时向对方致歉。

③ 信函礼仪

信函是古老的沟通交流工具。虽然不能面对面的交流，却能实实在在地看到对方的字迹，从字里行间感受对方要表达的意思与诚恳。现代商务交流场合，还有一些事务是需要用信函类来完成的，撰写信函要注意一些礼节。

格式需规范。各种商务信函是有固定格式的，必须严格按照格式书写。这种格式是体现在书面上的对他人的尊重。

得体需称谓。商务信函的称谓非常重要，称谓的人是商务事宜的主角。称谓必须准确，符合寄信人和收信人之间的关系。

内容需简明。商务信函的内容往往关系到商务活动的成败，会影响商务活动的经济效益。因此，内容要语句通顺，数字精准，符合主题。

语言需文明。商务信函的文字要使用书面语，要规范，在必要的时候可以使用口语以表示亲近。正确运用语法和标点，注意信函的一些特殊格式。很多商务信函还要加盖公章才能生效。

4. 位次礼仪

礼仪中的位次，指的是在不同的情况下，用不同的身体位置来体现尊卑的次序。很自觉地找到自己恰当的位置，是在职场中体现素质、表达对他人尊重的最佳行为。换句话说，职场中和身份地位不相同的人在一起交际，走在哪儿、坐在哪儿、行在哪儿都是有一定规则和次序的。

① 行进中的位次

总体来说，行进中遵从以右、以内、以中间、以前为尊的原则。走在办公室、走廊首先应该遵守的礼仪是右侧通行的原则。其次，如果不能遵守右侧原则，要遵守以内为尊的原则。比如，尊者、女士、长者应该走在内侧即可，不分左右。再次，如果左右都是不安全的场所，尊者、女士、长者应该走在中间。最后，如果要分几排行进，身份越高的人，越行进在前头。但是有一种特殊情况不遵从尊者在前原则，那就是客人对场地不熟悉，需要指引者引路的情况，尊贵的宾客是走在第二位的。引路者走在宾客的左前方，大概 1 ~ 1.5m 远处，并用左手做出指引的手势，并在转弯处提醒客人说"这边请""请小心"等话语（图7-2）。

② 上下楼梯的位次

上楼梯时，尊者、女士、长者走在前方；下楼梯时，相反，他们走在后方。但如果女士穿着的是短裙，可以依据情况，引领者走在前方。

图7-2

客人不明确方向时，引领者上楼梯、下楼梯都要走在客人前面进行引领。

③ 出入电梯的礼仪

情况之一，如果是陌生人共乘电梯，按照先来后到的顺序，到达楼层后由外及内的下电梯。由于电梯内空间狭小，人与人之间相互侵犯了对方的安全距离，是每一个人都很不自在的情况。因此，要尽量站在他人视线范围内，不能东张西望。

情况之二，步入有人控制驾驶的电梯。宾客应该先进先出，引领者紧随其后。

情况之三，步入无人控制驾驶的电梯。宾客应该后进先出，引领者先行进入，为宾客挡门；达到楼层后，宾客先出，引领者在其后控制好电梯门。

④ 进出房间的礼仪

第一，进入房间先敲门。无论房间的房门是否开着，进入前都要敲门。叩门三声，声音不宜过大。如果房门是开着的，叩门后可直接进入；如果房门是关闭的，要等待里面的人允许进入才能进入。

第二，出入房门要记得随手关门。如果是推拉门，为了关照对面的人群，一定要"拉门"进出。不能用身体其他部门开门或关门，如用臀部顶、用脚踢门等。

第三，出入房间的顺序。如果房门向外拉，那么要拉好房门，站立等待宾客进入；如果房门向内推，则应该先推门而入，在房内扶好房门等待宾客进入；如果没有房门的大厅，应该让宾客先进先出。

⑤ 大型会议位次礼仪

大型会议主席台上人员座位安排位次十分重要。通常主席台都是面门而坐，台上的各位要拍好身份次序，依次入座。遵从几个原则：前排为尊、中央为尊的原则。其余他人，从观众的视角左高右低的原则排列（图7-3）。如果台上人数呈双数，那么还依据以上原则进行排位，要摒弃身份最高者必须在台面正中间的概念（图7-4）。

图7-3 单人数主席台就座方法

图7-4 双人数主席台就座方法

⑥ 乘车位次礼仪

小轿车的乘坐礼仪。

如果驾驶者有专门的司机，那么副驾驶的座位最为卑，最尊的座位是副驾驶后面的座位，剩余一个座位次之（图7-5）。

如果驾驶者就是主人，那么副驾驶的座位尊，最卑的座位是司机后方座位，副驾驶后方座位次之（图7-6）。

图7-5　小轿车乘坐次序一　　　　　　图7-6　小轿车乘坐次序二

尊者、女士、长者先上车，并由接待人员为其打开车门，做护顶服务，等宾客坐好后代为关上车门。上下车的姿势要优雅，女士需双腿并拢。

大中型轿车及面包车的乘坐礼仪。

由于车的排数多，多以司机后面一排最尊，越往后越卑。同一排座位右侧最尊，左侧最卑。这种中型车和小轿车上下车顺序正好相反，为了尊重尊者、女士、长者，需要男士、身份低者先上车。下车与上车顺序相反。

吉普车的乘坐礼仪。

吉普车和其他车型不同，座位高度高，为了追求行进中的视野效果好，无论是否有专门的驾驶者，最好的座位都是副驾驶，其次是后排右座，最后是后排左座。上车时后排先上，前排后上。下车时前排先下，后排后下。

5.办公室礼仪禁忌

日常的很多行为细节注定了工作人员能否快速融入办公环境，能不能给他人留下完美的印象，能否为自己创造一个良好的工作环境。还有一些细节问题应该在工作的过程中注意。

① 不能高声讲话，影响他人办公。即便是谈论与工作有关的问题，也不能音调过高，有时声音也是一种噪音。不要因为个人的噪音而给别人带来烦恼。

② 女孩子多的办公环境中必不可少的一样物品是零食，多人在办公室内品尝零食是非常不好的习惯。除了影响工作效率外，还十分影响工作形象，给人不专业的印象。男士较多的地方香烟是必不可少的物品，男士间交换香烟几乎已经成为一种交际方式。但在办公环境吸烟是不恰当的。

③ 身体姿态不雅观，会给人不好的印象。行为粗鲁，会给公司形象抹黑。

④ 能够准确称呼出领导。如果在办公环境与领导擦肩而过，却不能正确称呼领导，对其进行问候，是非常不得体的一件事情。

⑤ 中国古人云：非礼勿视、非礼勿听。不论是刻意还是无意，都不偷听与自己无关的信息。当然更不能传播小道消息，随意在他人背后议论是非。

⑥ 不私自占用公共办公用品，只为自己提供便利而不考虑别人；不私自挪用他人的办公物品。

⑦ 对来宾热情问候，如论宾客是受谁邀请而来，都不能表现出冷漠。此时，你代表的不是个人，而是整个企业，你的热情将代表企业的热情。

三、职场交际礼仪

在职场中的一言一行，关系到工作人员的职业素质和职业技能的展现。同时，工作人员的表现又不仅仅代表自己，将影响到企业的形象和交际效果。人们都喜欢和彬彬有礼的人打交道，会带给人贴心、舒适的感觉。百姓所说"人缘好"的人就是在职场交际过程中符合交往礼仪的人，对交际范畴和做事有尺度的人。因此，了解职场中的交际礼仪，是做好人际关系的第一步，也是奠定良好关系的基础。

1. 称谓礼仪

称呼他人，是与他人交往交际的第一步。合理而能够让他人接受的称谓，是最好的一块交流前的"敲门砖"，能够让听话对方欣然接受讲话内容，又能缓解陌生人间初次接触的尴尬状况。对待每个人，找到一个合适的称谓，是非常必要的。

① 称呼他人时需要注意的问题

第一，初次见面要注意称谓是否得当。如果知晓对方的身份，要选择一种最合适的称谓来打招呼。即便是完全不认识的陌生人，也不能以"嘿""喂"这样的叫法来吸引对方的注意力。

第二，不能用错称谓。指的是称谓要符合对方的真实身份，切忌不能弄错。如，人家是未婚人士，仅仅从年龄来看称呼其"太太"，这就是不恰当的。

第三，根据地域、文化、生活习惯来选取称谓。一个交往对象，可以有很多个称呼，具体选取哪一个作为称谓，要符合交往的场合、当地的文化背景、生活习惯。比如，在普通市场中，要称一位上年纪的男士为"大爷"，这样比较亲切。同样一位年龄相同的男士，在高档写字间中就要称呼"老先生"，比较符合场地。诸如此类，还有很多因为文化、习惯不同而产生歧义的称呼，在使用时都应该注意。

第四，在正式场合不使用不雅或庸俗的称谓。正式场合中，即便关系亲密的人之间在他人面前也要使用恰当的称谓。切不可用外号，不雅的称呼。如，在客户面前，称同事的外号"四眼"；在公众场合称好朋友为"哥们儿"，这些都是不恰当的。

② 称谓的种类

根据交往对象身份的不同，和与之的关系的不同，所在场合的不同，在选择称谓的时候可以详细考虑，选择一个最恰当的称呼。常见的称谓有以下几种（表7-1）。

表7-1　职场中可使用的称谓种类

称谓种类	特点	常用方式
职务性称谓	知晓对方的具体职位	经理、校长、主人
职称性称谓	用职称表达对对方的尊重	教授、工程师
职业性称谓	所从事严谨型的工作	老师、医生、律师
泛称呼	不认识，不了解身份的前提下使用，使用范围较广。	男士、女士、先生、小姐、太太
姓名称呼	熟悉的人之间	小马、老王、王小二

泛尊称的称呼使用较广。碰到陌生人时，由于不知道其职务、工作、年龄等具体信息，多以泛称呼来称谓。其中对男士的称呼有"男士"和"先生"，这两种都是对男士很礼貌的称呼。但需要说明的是，"男士"对对方是没有年龄限制的，多大岁数都可以称为男士。而"先生"所指必须是成年男性，太小的男孩儿不能称为先生。对女性的称呼中也有一点需要注意，那就是"小姐"。英文服务中用"小姐"称呼未婚女士极为尊重。但在中文服务场合下，应视

对象而定，不能乱称他人为"小姐"，在不同地域容易产生歧义。

2. 见面礼仪

根据地域国籍的不同，见面的礼仪有很多种，我们这里要使用的是在职场中最常用的见面礼仪，它们分别是介绍礼、握手礼和交换名片礼。三种见面方式是有顺序而言的，介绍礼是交际的序曲，握手礼是交际的开始，交换名片是在为日后的交往做准备。这三种不同的见面礼方式都有自身的要点和注意事项，虽然都是在表达初次见面的喜悦与尊重，但在作用方面有所不同。表7-2列举了三种不同的见面方式，从次序、方式、目的、禁忌四个方面详细介绍三种见面礼仪，以这种方式列表也使它们的不同点和相同点一目了然（图7-7）。

表7-2　介绍礼、握手礼、交换名片礼仪区别一览表

	介绍礼	握手礼	交换名片
目的	扩大交际圈，第三者将两个不相识相互介绍认识。	表达友好、尊敬之意，友好交往的开始。	名片是人的第二张脸，是一个人最简要的自我介绍，以备留作日后交往使用。
次序	将地位低者介绍给地位高者。	地位身份高者先伸手。	地位低者先向地位高者递送名片。
方式	介绍者站立于被介绍者旁边，掌心向上，四指自然合拢，指向被介绍者，并微笑向另一方。	双方最佳距离为1米左右，眼睛注视对方，力度恰当，以对方不疼为准。时间3～5秒为宜。握手的形式有支配式、顺从式、平等式。	稍稍欠身，面带微笑，注视对方。双手呈上名片，名片字迹朝向对方。并说："请多关照"。接过名片后，要仔细阅读，放置在妥善的位置。
禁忌	将介绍的次序弄错；介绍前，要先与双方进行沟通，不要将不想认识的人做介绍，以免双方尴尬；介绍时注意措辞。	忌左手握手；忌交叉握手；忌戴手套握手；忌不平等握手；忌不专心握手；忌握手后揩拭双手。	接到名片后不看直接收起；收到名片后随意乱丢；将其他物品压在名片上；拿到名片随手玩弄。

图7-7　握手的姿态

3. 言谈的礼仪

谈话是一门艺术，也是一种技巧，使用好这种技术将在职场交谈中获得最大的利益，成为人与人间最好的润滑剂。正确的话题的选择，高超的谈话技巧不仅是用语言的交流，还是一个人礼节的体现、素质的体现。得体、流畅、恰当的交谈是职场中重要的手段，是能够赢得在职场胜利的法宝。

① 职场言谈礼仪的基本原则

第一，职场中的正式交谈的语言往往不能太口头化，要用礼貌用语进行交谈，这样才能体现企业的正规性和职业的专业性。同时，礼貌用语会使交谈对方感到舒适，有种强烈的被尊重的感觉。

第二，言谈过程中要尊重对方。对对方的尊重体现在谈话内容、态度和语气上。有些人不停地说话，不给对方说话的空余，这是不礼貌的。还有些人说话以自我为中心，不听对方的看法，自认为自己的观点全部正确，这是不利于沟通的。尊重他人的表现首先是不打断对方的话题，认真聆听；不马上补充对方的话题，使对方觉得尴尬；不马上纠正对方话语中的错误，这是对对方最大的尊重。

第三，谈话过程中举止要大方，谈吐要文明。与他人交流时要注视对方的眼睛，表示正在认真听对方的讲话。身体端正，有时体态语言的表达比语言表达更为强烈，不要让自己的不良姿态给人一种"吊儿郎当"的感觉。一般交谈过程不要有过多的小动作，比如转笔、玩弄手指、双手插在口袋里、无意识地看手表等，这些小动作都在表现聆听的不自在，表达的是对对方的不尊重和无视。

第四，要善于聆听他人的谈话。交谈是一种双向的交流，有说的技巧，而听的技巧更为重要。没有听，就不能正确理解他人的意图，并从他人的谈话中找到对方的突破口，听还可以得到一些"话外之音"。因此在交谈过程中听是非常重要的。聆听的时候，还要有肢体语言的搭配，如点头、微笑、"侧耳倾听"等。在对方的话语高潮部分还可以给予表情、动作和声音的反应和配合。

② 职场言谈的内容

言谈的内容要分场合和对象。

在商务谈判的场合，要直接切入谈判话题，对既定主题做好充分的准备，思路清晰，有理、有礼有节。

面对不熟悉的人，要选择对方擅长的话题。这样比较容易激起对方的兴趣，使对方谈得开心，引起对方的共鸣。会让对方有心理位置的优越感，这是建立良好沟通环境的基础。

面对熟悉的人，谈话内容要愉快或流行。日常与熟悉的人之间的谈话轻松就好，能够引起大家的共鸣，共同创造出愉悦的氛围。

无论是与哪一种人谈论，有三类话题要绝对的避讳。一是个人隐私问题，我们无法判定对方的隐私是什么方向，因此隐私问题要尽量避忌。二是不说他人的短处，中国古话讲"当着瘸子不说短话"和"说者无意听者有心"，这两类情况都属于无意间碰触了对方脆弱的地方，要在谈话中尽量躲避。三是不非议他人，也就是不在背后说他人坏话，或造谣生事，这种行为在职场中是大忌。如果一家企业的员工间每天以此事为乐，津津乐道，那么这个企业必定没有大的发展未来。

③ 职场谈话的技巧

第一，学会幽默。不得不承认，生活中言谈幽默的人更具有语言吸引力，更能够抓住他人的注意力。在言谈中加入适当的幽默元素，将提升谈话内容的趣味性，使听众更容易走入说话者的话语世界。但有一点需要注意，过于幽默的人在正式场合要有所收敛，有时过于幽默会让人有不正式、不专业之感。因此，幽默适当就好。

第二，要学会巧妙提问。谈话中提问的技巧非常重要，有时提问是为了提问，有时提问是为了表达自身观点，有时提问是为了寻求答案。有时在谈话过程中，提问的方式方法决定了对方回答的内容。因此，要学会"问"。提问前考虑好问题的核心，观察好对方的心意，再做出相应的提问。如，"请问，谁要咖啡？"和"请问，哪位不要咖啡？"。一个问题，如果提问方式不同，得到的答案是截然不同的，这就是提问的精华。

第三，要在言谈中学会拒绝。有时，在正式谈判中对方会提出一些不合理和无法满足的要求，这个时候要学会说"不"。不过要选择恰当的拒绝的方式方法，尽量不用武断的拒绝的词汇。要把拒绝融于情理之中，一方面要表达出自己的态度，另一方面还要保护对方的自尊和面子。切忌果断拒绝与含糊不清的答复。

第二节　职场形象

一、职场男性形象

成熟稳重是职场男性形象的关键，所以在日常工作中一定要注意表现出自身的成熟。应该尽量避免脸红、哭泣等缺乏情绪控制力的表现，因为那不但令你显得脆弱、缺乏自制力，更会让人怀疑你会破坏公司形象。另外，在言谈中表现出足够的智慧、幽默、自信和勇气，少用嗯、呵等语气词，会使你看起来更果断而可靠。

1.卫生

清洁卫生是仪容美的关键，是礼仪的基本要求。不管长相多好，服饰多华贵，若满脸污垢，浑身异味，那必然破坏一个人的美感。因此，每个人都应该养成良好的卫生习惯，做到入睡起床洗脸、脚，早晚、饭后勤刷牙，经常洗头又洗澡，讲究梳理勤更衣。不要在人前"打扫个人卫生"。比如剔牙齿、掏鼻孔、挖耳屎、修指甲、搓泥垢等行为都应该避开他人进行，否则，不仅不雅观，也不尊重他人。与人谈话时应保持一定距离，声音不要太大，不要对人口沫四溅。

2.服饰

服饰反映了一个人文化素质的高低，审美情趣之雅俗。具体说来，它既要自然得体，协调大方，又要遵守某种约定俗成的规范或原则。服装不但要与自己的具体条件相适应，还必须时刻注意客观环境、场合对人的着装要求，即着装打扮要优先考虑时间、地点和目的三大要素，并努力在穿着打扮的各方面与时间、地点、目的保持协调一致。

对于职业男士来说正装应当有以下特征：

① 男士身上的色系不应超过3种，很接近的色彩视为同一种。三色原则是在国外经典商务礼仪规范中被强调的，国内著名的礼仪专家也多次强调过这一原则。

② 男士正装中的领通常体现为有领衬衫。有领原则说的是，正装必须是有领的，无领的

服装，比如T恤，运动衫一类不能成为正装。

③ 绝大部分情况下，正装应当是纽扣式的服装，拉链服装通常不能称为正装，某些比较庄重的夹克事实上也不能当作正装。

④ 男士的长裤必须是系皮带的，即便是不系腰带就能很规矩的西裤，那也需佩上皮带。

⑤ 男士正装离不开皮鞋。最为经典的正装皮鞋是系带式的，不过随着潮流的改变，方便实用的懒式无带皮鞋也逐渐成为主流。

⑥ 头发需干净清爽；最好每半个月修剪一次，以保持头发的发型；切忌在头发上喷发油、发蜡、摩丝等一切让头发发亮光的东西。

⑦ 衬衣要天天换洗，保持领口和袖口的平整和清洁，衬衣不一定要很新，但一定要干净洁白，最好是熨过再穿，千万不能皱巴巴的穿出来约会，那是对对方的一种不尊重。

⑧ 除了解领带时，其他任何时候松开领带结都是极不礼貌的。领带的主色调一定要与衬衣有所区别。但与外衣同色系时，领带要比外衣更鲜明；当领带与西装采取对比色的方法搭配时，领带颜色的纯度要降低。单色、条纹、圆点、细格、规则图案，都是最常规的。

⑨ 身材粗壮的男子最适合单排扣上装，尺寸可以稍小些，这样能突出胸部的厚实，但要注意掩饰腹部，注意随时扣上纽扣。身材矮小的男士可以穿间隔不太大的深底细条纹西装，这样看起来高些。身材高瘦型男士不宜用细条纹，否则会突出身材的缺点，格子图案是最佳选择。

⑩ 关于裤子：最好穿米白色或深色，灯芯绒、纯棉等质感较厚的裤子。

⑪ 雅典传统的黑色牛皮筋鞋与各类西装都能配合默契。最好是绑带的黑色宽头鞋，忌尖头皮鞋，宜深色哑光，黑色鞋和棕色鞋是男士鞋柜中的必备物。

⑫ 穿深色正装皮鞋时，不能穿运动袜，袜子的颜色以黑色、质地较厚的纯棉袜或羊毛袜，深灰色为佳，忌讳浅色，千万不能花哨。而且袜筒要高，弹力要好，免得坐下来，露出一截不雅观的腿。

就男士整体着装而言，要讲究三一定律，即，腰带、袜子、皮包的颜色要一致。

二、职场女性形象

微笑，让你显得更从容淡定，微笑是一种优雅的表现，也是一种品德的修养，它显示的是一种力量、希望和暗示，是打开社交大门的"钥匙"，犹如春风般袭着别人的内心。在职场中，女性要时刻保持微笑的面容，那是一种从容淡定的气度。人们就会像见到天使、见到阳光一样，因为你的笑容能照亮所有看得到它的人。

（一）服饰

女性要了解自己的身形。人的体形根据轮廓不同，选择适合自己的服装款式，并依据不同季节选择协调的色彩进行搭配。除此之外，了解自己身材比例对穿衣效果也有帮助。如，自己的腿长还是短，腰肢粗还是细，头身比例如何，掌握以上内容能够有效地弥补自身的不足，视觉效果得以改善。

（二）自身优势

女性要客观地认识自己，找到自身的优势所在。并用视线转移法来调整自身的不足。如：有的人腰部很粗，不如不在腰部做任何处理，而把亮点放在你自身比较靓丽的位置上，像胸部比较美可佩带胸针等其他饰物，或颈部也可以佩带丝巾之类的饰物，这样就可以将人们的视线，由你的劣势部位，转移到你的优势部位。还有，身材高的人可穿长裙，显得潇洒飘逸；个矮的人穿短裙，显得精神干练。个矮的人也不要留长发，那样会有头重脚轻的感觉。

第三节　面试礼仪与形象

面试是进入职场的第一步，是同学们未来即将要面临的最重要的一项交际，我们要为面试做好充分的准备。最重要的当然还是知识的储备，扎实掌握专业知识。其次是精神面貌、应聘资料、语言上的准备。应聘者通过面试的环节，对一个人做出综合而全面的评价，不仅是外在，还要在短时间内体察个人内在素质。面试是将第一印象发挥最大功效的时刻，我们要通过短时间的面试把自己最优秀的一面都展现出来，把擅长于工作的特长展现出来，把个人常年积累的价值观、表达方式、思维方法展现出来。如何能快速正确展现这些，要充分了解面试全过程的礼仪，在面试前做好准备，面试中缓解紧张的情绪，面试后等待好结果。

一、面试礼仪的基本原则

面试者准备去面试，所做的准备工作一切以下面的基本原则为前提。

1.守时的原则

遵守时间是人与人交际的最基本的素质，也是职场中必不可少的职业操守。没有时间观念的人执行力、意志力、计划力都不强，任何单位都不可能将重要的任务交给这样的人。第一次做事不守时，给人的第一印象极其恶劣，信任度大打折扣。在面试的过程中要做到：按照规定时间上交要求的文件，无论是现场还是运用网络。需要面谈的情况，要比预定时间提前10~15分钟，给自己充足的时间缓和气息，安稳情绪。如果面试地点偏远或不熟悉，更要提前一天先了解路线和情况，以备面试当天在交通上出现意外问题。

2.最大限度发挥第一印象的原则

人与人之间见面，会在见面后的7秒内对对方马上产生初始的第一印象。这个第一印象是粗线条的，大部分人在经过7秒后只能大概地说出"这个人给我感觉很好"、"这个人长得真好看"、"对这个人没有过多的感觉"等大致的评价。有专业心理学家做出过实验，受实验者都素不相识，让他们在一个房间内，见面7秒钟后要求他们写下对对方的印象。然后回到房间内，这些陌生人将共同一起生活一周时间，一周过后，再写出对对方的感觉和评价。结果发现，7秒钟形成的第一印象，有70%需要共同生活48小时后才能初步改变对对方的评价。可见，初始第一印象非常重要，日常生活工作中，没有过多交际和交情的人群间，这个第一印象几乎不可能改变。我们一定要在第一次见面时为自己塑造好的第一印象，用外在正确的表达自己。

3.保持平稳心态的原则

找工作是个双向选择过程。既是用人单位对未来员工的甄选过程，当然也是应聘者对未来工作环境的选择。因此，即将要面试的同学要克服的最大困难就是紧张。要在面试前尽量消除紧张情绪。做好自身的各种准备，不打无准备之仗。在参与面试的过程中要有信心，不能怕前怕后。往往影响面试效果的就是过于紧张的心态。当人紧张时会有三个部位不可控，第一，人的眼神不可控制。人在紧张的时候眼神会变得不大方，左右摇摆不定，不能用眼神与人进行正常的沟通。第二，声音不可控。很多人在超级紧张的时候嗓音是颤抖的，用不正常的声音自然不能正确表达思想感情，语言吸引力下降。第三，末梢神经不可控。生活中我们经常会听到别人说："吓得我腿直打哆嗦！"，这就是紧张时刻末梢神经不可控最具代表性的例子。紧张情绪影响到末梢神经的控制时，我们体态上的一些坏习惯就更容易暴露，会做出一些不必要的小动作。

消除了紧张情绪还要尽量培养自己的竞争意识，让自己在面试当天有良好的心情和充分的自信。

面试结束后，有些人会寝食难安，焦急地等待面试结果，这也是不正确的。一场面试结束，无论当时的表现如何，都已经是过去式。要马上认真筹备下一场面试，更不要把前面的消极情绪带到后面的面试中。我们不会因为一次面试的成功而欢天喜地，也不会因为一次面试的失败而垂头丧气。面试仅仅是职场生涯的开始，要充分考虑未来的发展来确定面试单位，稳定心态，将最优秀的自己、将最适合这份工作的自己展现在所有应聘者的面前。

二、面试前的准备工作

中国人有句古语叫"知己知彼才能百战不殆"。面试前，要做好充足的准备工作，既要理清自己要表达的内容，也要准备好询问企业的问题。分析企业到底想要什么样的人，分析自己到底是什么样的人，看这两种人是否匹配。刚好满足双方的需求才能促成一次面试的成功。

1.确定"我"能做什么，我想做什么

很多大学生毕业找工作时是盲目的，觉得大家都在找工作，因此自己也到处投简历。现今社会什么工作工资高，什么工作投简历人数多，自己也盲目跟风，这种做法是不对的。

要客观评价"我能做什么"。自己应该是最了解自己的人，但有时自己对自己的评价可能过于理想化，不太准确。如果想得到客观的评价，那么可以寻求身边人的帮助。可以分别向老师、朋友、家长这三类最熟悉你的人询问。这三类人年龄不同，阅历不同，考虑问题的角度不同，得到的评价势必是有差异的，我们要综合分析，客观确定"我能做什么"。通常对一个人做评价都是从以下方面来进行考量的，如表7-3所示。

表7-3　自我定位的评价内容

可客观评价的因素	性别、年龄、体能、健康、体重、智商、教育程度、培训经历、学习成绩、社团活动、实习经历……
凭主观评价的因素	外貌、兴趣、性格、情商、潜能、价值观……

其次认真思考"我想做什么"。找工作投简历前，要选择好工作的种类。希望得到的工作无非是能够满足自身愿望的工作。第一类，喜爱的工作。通过你的了解，这类工作的工作内容是你喜爱并乐于去做的，这类工作可能是你从小的梦想。第二类，擅长的工作。专业性强的工作，这类工作的主要工作技巧和自身擅长恰好吻合。比如，专业课成绩优异的学生与对口专业；活泼开朗，表达能力强的同学与营销类工作。这类工作和个人天赋有关。第三类，有目的性的工作。通过客观理性的思考，这类工作的工作地点、发展方向、工资薪酬刚好符合理想的生活状态。这类工作谈不上喜欢或者擅长，但自己的能力完全可以胜任，又可以让自己的生活过得更好。

2.确定"我"在什么地点工作

面试前，了解应聘单位的具体所在地址很重要。要考量该地是不是想要长期生活的地方、生活是否便捷、是否利于长期发展等因素。并且还要了解，所要应聘的岗位是否需要经常出差或要完成驻扎外地任务。

3.确定目标企业的情况

在为自己做好充足的准备工作后，还需通过媒体网络等途径了解清楚要应聘单位的性质、背景。还需了解属于哪一行业、生产的具体商品是什么，属于民营还是国企还是合资企业，企业文化是怎样的，福利待遇怎样，未来发展规划怎样等。

4.确定要应聘岗位的职责

具体了解和学习要应聘岗位的基本职责，及该岗位所需的能力和要求，对面试中可能出现的提问做好准备。还可侧面了解该岗位的劳动强度问题，给自己做好心理准备。

5.确定一份简历及自我介绍

① 撰写一份简历

简历是一张翔实的名片，所有的基础信息都将在简历当中体现。招聘者根据简历的内容决定是否要给应聘者一次面试的机会。因此，简历制作是面试工作的一块敲门砖。

首先，简历样式尽量要简略。如果有需要，投职性质不同的企业单位，简历的样式和内容都要不同。力求做到简单明了，重点突出，层次分明，让人一目了然。将企业最重视的内容安排在最醒目的位置上。简历不能过长，一般限制在一页以内，没有企业会在阅读简历上用去太多时间的。

其次，要注重简历的细节。简历是一个人形象的代表，是先于个人给他人第一印象的物品，因此简历的制作要精细，追求细节上的完美。文字内容千万不能出现错别字，这是面试态度的重要体现。用词需恰当，让人易读易懂。

再次，简历内容的选取需注意。一般的简历中包含个人的基本情况、学习情况、实习情况、社团活动情况、兴趣爱好、获奖情况、未来发展理念、联络方式等。企业比较关注学习情况和实习情况及未来发展理念等内容，换言之，就是要通过简历看看面试者学到了什么、做到了什么、未来想做什么，这是关乎一个人职业发展规划的几个重要问题。

最后，应选择恰当的简历外观。简历的版面排版需合理，美观，可以稍加一些图案或边框设计。但不能特别夸张，给人只注意外表却没有内涵的印象。以质朴大方的简历为佳，选择质量较好的纸张打印。图7-8是一份内容完整的简历样例。

② 撰写一份自我介绍

如果将简历比喻成名片的话，自我介绍的内容是个人的简要说明书。在有限的字数和时间范围下展现自身优点及过往经历。不仅是内容的展现，还将是一个人表达能力的体现，应变能力的体现。后者是面试时自我介绍的重点。

正式场合的自我介绍，一定要使用书面用语，文字运用要精准，语法需规范，体现正式。用标准的语法来表达对招聘方的恭敬之意，不能出现病句让人听起来不舒服。

自我介绍中出现的内容都会给人留下很深的印象，将成为日后招聘单位考量应聘者的依据。因此，切莫因为要充实内容而加入不真实的内容。无论是学识、学历、经历还是家庭状况条件等，这些情况并不是越优越越好，用人单位会综合考量你的基本情况到底是否适合这份工作。自我介绍中的谎言会以最快的速度被拆穿。

简历表格

姓名		性别		贴相片
出生年月		籍贯		
政治面貌		民族		
家族住址		身份证号码		
联系电话		E-mail		
学历		专业		
毕业院校				
求职意向				
主要课程				
个人能力				
学习、工作经历	起止时间	工作单位及职务	岗位职责及业绩表现	
英语、计算机水平				
兴趣及爱好				
个人评价				

图7-8　简历样例

　　突出重点内容。在自我介绍中突出个人最优秀、最闪光、企业最关注的部分，其余内容可简略。自我介绍的时间是有限制的，因此，要在最短的时间内，将最想表达的部分表达清楚，这就要求在撰写自我介绍的时候抓住重点内容。对重点内容进行强化，能抓题、扣住主题，与其他内容连接流畅。

　　如果面试单位是外资企业、合资企业或者是与国外企业交流密切的单位，那么自我介绍应该采用双语的形式，搭配好英文的自我介绍版本。一是便于更加顺畅的交流，二是个人语言能力的另一种表现。

　　选择恰当的自我介绍的种类。自我介绍中语言的表达方式可以任选。在选择之前要考虑这种表达方式是否符合自己的性格、外形特征，是否符合应聘企业的性质两个问题。如果选择了恰当的方式，自我介绍会更容易被招聘者记住，更容易吸引对方的注意力。通常，自我介绍的种类分为以下四种：

　　陈述式——平铺直叙，客观陈述个人的一切情况。体现面试者的正直认真的态度。

　　文学式——自我介绍中用词考究，表达形式优美。体现面试者的文学功底，适用于经常使用文字类工作。

　　幽默式——语言幽默诙谐。体现面试者乐观开朗的性格，恰当的幽默式自我介绍可以缓解面试现场的尴尬气氛，给人留下深刻印象。

　　专业式——多出现专业术语，体现对专业的熟练。多用于应聘理工类专业性质强的工作岗位，极其精准的专业术语体现面试者的专业性。

　　自我介绍中缩略语的使用要恰当，如果找不到恰当的缩略语，那么宁可不使用。

　　第一，会产生歧义的缩略语不能使用。如："我来自人大"。此句有歧义，是来自人民大学？还是来自人民代表大会？

　　第二，他人不知晓的缩略语不能使用。如果缩略语地方性质较强、知名度不高不宜使用。不能起到让人一下知晓的作用，反而让人觉得内容不清。

　　第三，听起来不雅的缩略语不用。如，大连职业技术学院在大连当地的缩略语是"大技院"，会给人不雅的感觉，尽量不用这样的缩略语。

　　递送简历时要注意姿态。在考官面前如果现场递交纸质版的简历要双手奉上，表情面带微笑。对方即便单手递交给你物品，我们也要双手拿回（图7-9）。

图7-9　递送简历的姿态

6.确定面试当日的服装

面试应该选择正装，干净、整洁、大方为宜。男士以正装西装为首选，女士以职业套装为首选。

三、面试时的基本礼仪

做好充足的准备，面试当天的表现就犹如考试交答卷了，成绩能否让自己满意，就要看面试时的表现了。以下是面试时要注意的礼仪事项（图7-10）。

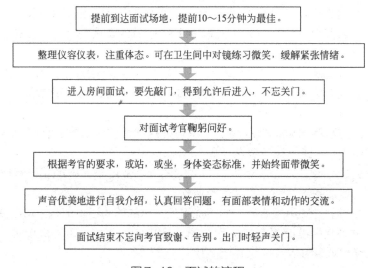

图7-10　面试的流程

1.学会运用非语言暗示

初次第一印象有一个公式，这个公式的内容是：第一印象＝形象＋声音＋交谈内容。

形象在公式中占有55%的份额，声音起到了38%的作用，而第一次的交谈内容仅仅占了7%。可见，大部分的第一印象不是来自于语言表达的，而是来自于视觉感受。非语言暗示就是用目光、微笑、体态语来搭配自己的语言表达感情。

① 运用目光表达感情

都说眼睛是一个人心灵的窗户，眼神所表达的才是一个人内心最真实的想法。面试时，在开口说自我介绍之前，目光语的交流就已经开始了，我们要注意一些目光交流时的问题。

首先是注视的位置。目光交流注视的位置有三个，用于不同关系的人群。第一，公务凝视区，这个区域在额头顶点到双眼为底线的三角形。用于不熟悉的人，身份高的人，会体现严肃认真。对方也会觉得你的交流很有诚意。第二，社交凝视区，这个区域在双眼到嘴唇形成的三角区域中。这样的交谈目光给人平等、放松的感觉，日常社交场合都可以以此区域与他人交流。第三，亲密凝视区，这个区域是双眼到胸部。应用于生活中关系很亲密的人，对于不亲密的人，不能这样注视他人，会引起误会。我们在面试中的注视区域应该在公务注视区和社交注视区往复，根据自我介绍过程中说的内容相应做出目光注视位置的调整。

其次，是注视的时间。说话的时候一直看着人家也是不大礼貌的，会让对方觉得不舒服、不自在。因此，注视的时间应该占整个交流时间的30%～60%。在面试的整个过程，我们在眨眼，在注视每一位考官，说到一些搭配手势的话题眼睛还会看手指的方向。因此注视是有游离的，要做好注视与游离的交替。

最后，是目光随着内心感情变化。面试时应用明亮有神、热情友善、反应机敏的眼神来告诉招聘考官你是怎样的人。同时，眼神应是随着说话时感情变化而起伏变化的。眼神的波段也要有高有低，随着说话内容的改变，有时慷慨激昂，有时深情款款。灵活眼神变化的人常常被人认为是反应机敏的。

② 运用微笑表达性情

微笑是非语言表达中最重要的一个部分，是一个人气质的体现。因此要求整个面试的过程都要保持微笑。微笑展现的是人良好的精神状态，展现的是人良好的心理状态，展现的是乐观自信的态度。面试的过程中，微笑的表情最自然大方，最能够体现真诚友善。

第一，学会微笑的动作要点。

微笑是面部口、眼、鼻、眉肌肉结合的表情。只有真笑，人的五官会自动调整，眼睛略眯，眉毛上扬，脸肌收缩。

微笑的时候要做到神、情相结合，这样才能显出气质。微笑时要精神饱满、神采奕奕、亲切甜美，给面试考官留下完美的印象。

不强求微笑时一定要露牙齿，有些场合要求每个人都露出8颗牙齿的微笑未必是最美丽的，但可以肯定的是，最美的微笑时刻一定是露出牙齿的。

第二，学会微笑的方程式。

微笑＝嘴角笑＋眼角笑＋举止笑＋语言笑＋内心笑

微笑应该表情动作是多方配合的结果，因此，面试时要想保持微笑就要保持心境的平和愉悦、语言的和蔼可亲、面部表情的舒展才能展现最佳的状态。

第三，学会练习微笑的方法。

对镜练习法。找到自己微笑的最美角度。

双人对笑法。两个人对面而立，观察对方的微笑，既可以相互补充弱点，又可以找到对方身上的优点。

发音练习法。多说一些字，可以多多练习嘴角肌肉的拉伸力，有利于微笑。如："一"、"七"、"呃"、"咦"、"引"，持续练习每个单字，每次发音不少于50遍。

③ 运用体态语配合语言

体态语既可以帮助语言表达，又可以使听者的视觉上有所刺激，提升语言的感染力。运用体态语每个动作要做到精准到位，姿态美观大方。切不可给人"含胸驼背"的感觉。其次，体态语要有明确的目的。在做自我介绍的时候搭配上一举一动，能够发挥说话的最佳效果。但每一个动作都是必须的，是能够与语言表达相搭配的，不然多余的体态语会对语言表达产生负面影响的。再次，体态语要得体。说话时需根据环境和对象来运用。在面试的过程中非常不适合用手指指点点，或者双手抱于胸前，这些都是被视为不礼貌的行为。切莫因为无意识的小动作给面试考官带来不好的印象。最后，要了解不同的体态语所表达的心理含义。如：谈话时，频频碰触额头说明听者现在非常不耐烦；说话时，经常摸鼻子，说明对方没有最真诚的表达；说话时托着下巴或抚摸下巴说明对方非常喜欢倾听你的说话内容。在面试过程中，不仅要把握自身的体态语，还可以通过观察考官的体态语来大致判断对我们的第一印象如何。

向考官问候，可采取鞠躬礼。通常30°的鞠躬礼即可，表达问候、尊敬之意。15°的鞠躬礼用于服务岗位向客人致意或不熟悉的人间见面招呼之用。45°的鞠躬礼向他人表示感谢

图7-11　鞠躬礼的15°、30°、45°姿态

和歉意之时使用。上半身保持正直，用腰行鞠躬礼，而不是背部。行鞠躬礼时眼睛看着前方的地面，切不可在鞠躬的同时眼睛还注视着对方。男士如果采取手后背式站姿，在行鞠躬礼时手臂要变为自然下垂，行礼后恢复原位（图7-11）。

2.学会运用良好的声音

声音在第一印象公式中占有38%的份额，面试开始，声音是伴随形象同时让考官接收的信息。因此，学会运用良好的声音进行面试，可以为我们加分。如果你的声音音质较好，运用的音调正确，那么声音可以在面试中显示你的沉着、冷静；能够吸引考官的注意力，认真倾听你认真准备的自我介绍；能够引导面试考官支持你的观点，更有力地说服对方；能够使印象更加深入人心。

面试过程中应该用自己的中高音调，这样既会吸引他人注意力，又有助于表达自己良好的精神面貌。如果日常声调较低的人，应适当提高声调；平时声调高的人，应适当控制降低，太过于高亢的声音会刺耳，让人有心烦的感觉。

注意发音吐字清晰。正确恰当的发音，将有助于在面试过程中准确地表达自己的思想，只有发清楚每一个字的字音，才能提高言辞效果。有很多人在紧张的情绪下会发音错误或含糊不清，这样会让考官认为你思路紊乱、观点不清，甚至是头脑不清楚。

用标准的普通话进行面试。普通话的作用就是要让在场所有的人都能够听明白你的自我介绍。用标准的普通话进行面试，说明了面试的正规性。如果在面试中依然使用地方方言，有时会在语义表达方面出现歧义，尽量纠正带有方言的口音。

改正无用的口头语。在生活中，我们经常会听到有人在说话的开头和结尾加上不必要赘述，比如，"那个……"、"好像……"、"完了吧……"。这样没必要的口头语在面试中一定不能出现。另外在思考问题的时候，有些人喜欢发出一些鼻音，这样的发音让听者比较难受。比如："嗯……"、"啊……"。这样的发音会让人有种消极的感觉。

注意说话的节奏。人说话时的节奏如同奏乐一般，有了抑扬顿挫说话的内容才能有感染力，才能更引人入胜。为了不让他人觉得单调，一定要适当掌握说话的节奏。一般停顿的技巧有很多种，如，语法停顿、心理停顿、逻辑停顿和感情停顿，这些停顿都是交叉进行的，是依据说话内容而恰当选择使用的。

注意说话的速度。话说得太快，对方有可能听不清楚。更重要的是会让考官在源源不断的信息中无法找到重点信息，以至于导致人家根本懒得去听。话说得太慢，会让对方有不耐烦的感觉，有些浪费时间。因此，语速的快慢，应视说话内容情况而定，比如需要表达急切、震怒、兴奋、激昂等情感时，宜快不宜慢；在表述沉郁、沮丧、悲哀、思索等情感时，则宜慢不宜快。只有快慢结合、交替使用，做到快而不乱、慢而不拖，才是适度的。

3. 学会运用正确的方式表达自己

面试的过程中除了自我介绍以外，还有与考官之间的交流过程。这个交流过程的内容不是既定的，都属于临时应变能力的体现。在短时间内对考官的问题做出回答是一个人基本素质长期积累和沉淀的表现。

面试过程中的语言表达要真诚，无论回答什么问题，都不能给人留下浮夸之感。

先学会倾听再回答。听清楚面试考官的问话目的是什么，有的放矢地回答问题，抓住问题的关键点。

观察面试考官是怎样的性格，喜欢怎样的交流方式。不同气质性格的人外在体现明显不同，能够接受的表达方式也不尽相同。如表7-4所示。

表7-4 不同气质类型对应的性格体现

人物性格	性格表现	对待方式
胆汁质性格	兴奋度高，热情，说话直率	语速要快，声音要高亢，显示出自己的精气神。提出具有创新性和独具新颖的意见。
多血质性格	热情，灵活，外向，善于交际	
黏液质性格	平静、稳重，内向，话语少	对待这样的人语速要稍慢，语气柔和。回答问题最好遵循常规，不急躁。
抑郁质性格	沉静，易相处，内敛，安静	

不能答非所问。面试时，考官所提出的问题五花八门，到底会问及什么问题是我们无法预测的。但所有问题归结为两大类。第一大类与所学和工作的专业知识有关联，这类问题的答题技巧是：不能回答不会，不清楚。这样回答会让考官觉得你一无是处，会大大减分的。第二大类问题与生活方面有关系，这类问题涉及的范围广，其答题技巧是：实事求是，如实回答。企业的面试中凡出现涉及生活的问题，是有一定意图的，把真实的状况和未来发展规划告知对方是明智的选择。

用巧妙的回答掩盖缺点发扬优点。有时如果在面试过程中掌握一定的回答小技巧，会力挽狂澜，让缺陷变为优点。比如，考官根据简历提问："你非常爱动，爱打篮球，你有信心做好软件工程师吗？你要知道做软件需要一天坐12个小时以上。"面对这样性格中有不利于工作的弱点的问题，应该回答："大家都知道，做软件的人性格都比较内向，我们很多同学都是死气沉沉的。我平时好动，思维跳跃性也好，我会为这份工作增加许多创新点，还会成为同事的开心果。对于长时间工作的问题，我有信心，因为我是个自制力极强的人，从小我是体育特长生却并没有耽误学习就是最好的证明。"

四、面试后的必备礼仪

不要觉得面试已经结束，不需要再有所表现。很多面试的结果是经过很多环节才最终决定的。因此，面试后也要注意自己的表现，遵从礼貌礼节。考官宣布面试结束，要向各位面试者致谢，礼貌地离开。即便自认为表现得不好，也不能当时表现出来，给人进门和出门判若两人的感觉，这恰恰是一个人心理素质不好的体现。

已知的面试公布时间已过，依旧没有接到通知的话，可以当面或致电询问面试结果。无论结果如何都要表示感谢，这是个人素质的体现，也是为自己给企业留下美好的印象，从而为下一次面试制造机会。

第四节　面试整体形象设计

面试穿着是考察应聘者是不是专业人员及能否胜任所应聘职位的重要因素。自2005年以来，世界经济呈缓慢增长，失业率仍在上升，每个职位都有诸多的应聘者，雇佣者则占据着选择优势，尤其在应届大学生的面试中，据不完全统计，我国高职院校就业率要好一些，能达到95%左右，而普通高校的就业率则仅达到80%左右，所以应聘的每一个细节，都有可能对应聘成功与否产生重大的影响。

前面提到7秒钟与第一印象的关系，印象就是形象。第一印象会直接决定应聘者面试沟通是否成功。在仅仅7秒钟之后，应聘者就会给主考官留下深刻的印象如，其能力大小，有团队意识与否，自信程度，是否符合征聘的要求等等。那么怎样确信自己在这关键的几秒钟会给人留下最好最深的印象呢？最佳答案是用得体的衣着及彬彬有礼的仪态，去征服主考官，去获得想要的职位。

一、面试形象遵循的原则

由于学习的专业不同，各行业就业所代表的标志性形象也不同，所以我们无法按照行业的要求一一展示各行业最适合的面试形象，但是面试是一个很庄重、严肃的场合，应聘者们的形象不应是随意的，应该时时体现对聘任职位的尊重，对聘任者的尊重，应打理好自身的形象去应聘。面试形象打理应遵循如下原则。

第一，面试服装得体、干净、整洁，宜选择正装或商务休闲装为主。

第二，妆面清新、淡雅，面部不留明显化妆痕迹。

第三，发型利落、整洁，不要蓬乱。

第四，注重面试礼仪，肢体语言、声音运用得当。

二、面试服装选择

现代服装是一个符号，我们如何能运用好这个符号，代替我们去向主考官表达尊敬、表达严谨、表达内在丰厚的文化底蕴和专业底蕴，从而使面试一举成功呢？究竟什么样的着装才是招聘公司的终极要求？多少着装投资才是合理的？曾经是美国三位总统礼仪顾问威廉.索尔比说过："当你学会怎样包装自己时，它就会给你带来优势，它是一种技能，一种能够学会的技能"。

①服装选择正装或商务休闲装，裁剪精良，线条简洁，注重服装面料的质感。

②服装颜色选择黑、灰、白、米色，深咖啡，海军蓝。尤其是黑色，显得干练，并可以与任何颜色搭配。总之选择单色、中性色，易搭配，不会出错。

③充满生气的白色衬衣。白衬衣让人看上去聪明，且能提升一个人的气质。选一件与你西装的领形相吻合的白衬衣，即便脱去西装，仍然能显示出你的干练、自信、有效率。

④裤着裤鞋，裙着裙鞋。着裙装显示出女性的阴柔之美。选裙装时要选能够展露出女性腿部线条的美丽和身体曲线的款式。长丝袜的颜色一定要接近或比腿的肤色深，或选透明的黑色，这会使你的腿显得修长（小腿粗的人着黑色效果极佳）。但要切记：袜子的颜色不能深于鞋的颜色。与裙装相配的皮鞋，应是浅口尖头的船鞋。

西裤装所传达给人的信息是自信、有经验、现代感的，除了合身，长度必须盖过脚背。最好是穿上裤子去配鞋，因为鞋永远是要搭配裤子的，且带盖的皮鞋只适合裤装。

参考文献

［1］［澳］露·霍德夫斯.礼貌的力量——从礼仪到人生态度.北京：中信出版社，2010.

［2］［美］特里·莫里森·韦恩等.国际商务礼仪大全.北京：电子工业出版社，2006.

［3］［加］路易·迪索.礼仪——交际的工具.北京：外语教学与研究出版社，2007.

［4］［英］林·布伦南.21世纪商务礼仪.北京：中国计划出版社，2004.

［5］邹本杰.礼仪修养.北京：北京师范大学出版社，2010.

［6］子墨，张芸.20几岁要懂的社交礼仪.重庆：重庆出版社，2013.

［7］贺璋瑢，王海云.中华传统礼仪.北京：中国人民大学出版社，2016.

［8］王艳军.礼仪全书.北京：线装书局，2013.

［9］林莹，毛永年.西餐礼仪.北京：中央编译出版社，2010.

［10］潘文蓉.礼仪就是资本.北京：中国纺织出版社，2015.